HERAUSFORDERUNG

SCHNELLIGKEITS TRAINING

VOSS/WITT/WERTHNER

MEYER & MEYER VERLAG

Herausforderung Schnelligkeitstraining

Bibliografische Information Der Deutschen Bibliothek
Die Deutsche Bibliothek verzeichnet diese Publikation in der Deutschen Nationalbibliografie; detaillierte bibliografische Daten sind im Internet über http://dnb.ddb.de abrufbar.

Adelaide, Auckland, Budapest, Graz, Johannesburg, New York,
Olten (CH), Oxford, Singapore, Toronto
Member of the World
Sportpublishers' Association (WSPA)
Druck und Bindung: Finidr s. r. o., Český Těšín
Lektorat: Dr. Irmgard Jaeger; Theo Rous
ISBN-10: 3-89899-247-0
ISBN-13: 978-3-89899-247-3
E-Mail: verlag@m-m-sports.com
www.dersportverlag.de

Inhalt

2
3
4
5

Einleitung

Die Schnelligkeitsanteile an den Wettkampfleistungen haben in den letzten Jahren in fast allen Sportarten und Altersbereichen spürbar an Bedeutung gewonnen. Selbst in Ausdauersportarten muss für ein erfolgreiches Training der Schnelligkeits- und Geschwindigkeitsaspekt berücksichtigt werden.

Viel diskutiert ist, dass bereits im Kleinkindalter schnelligkeitsadäquate Reize gesetzt werden müssen. Aber auch in der Alltagsmotorik und sogar im Alterssport ist es so, dass ein Vermeiden von Schnelligkeitsanforderungen zum Verlust der vorhandenen Voraussetzungen führt. Die damit verbundene Verarmung der motorischen Eigenschaften schränkt auch die Vitalität wesentlich ein. Unter diesem Gesichtspunkt gehören Schnelligkeitstraining und Schnelligkeitsanforderungen in alle Bereiche des Gesundheits-, Alters- und Leistungssports.

Dort, wo bei Spitzenleistungen besondere Schnelligkeitsvoraussetzungen zutage treten, werden diese meist noch als Besonderheiten der Sportler oder als vereinzelte Tendenzen dargestellt. Oftmals werden die Veränderungen auch dem Krafttraining oder neuen Sporttechniken pauschal zugeordnet. Übersehen wird häufig, dass solche neuen Techniken erst auf der Basis neuer Leistungsvoraussetzungen zu Stande kommen können. Hierzu zählen in besonderem Maße die Schnelligkeitsvoraussetzungen.

Fachbücher zum Schnelligkeitstraining behandeln entsprechend kaum echte Schnelligkeitsfragen, sondern widmen sich dem leichtathletischen Sprint oder einzelnen ausgewählten Übungskomplexen aus dem Kraft-, Beweglichkeits- oder Koordinationstraining.

Die seit über 15 Jahren publizierten Ergebnisse zum neuen Schnelligkeitstraining waren bisher nicht wirklich den wissenschaftlichen Kinderschuhen entwachsen, wobei weltweit immer mehr Trainer und Athleten die neuen Ideen aufgegriffen und eigene praktische Lösungsvarianten entwickelt und erprobt haben.

Die inzwischen in reichlicher Anzahl vorhandenen Trainingsbeispiele wurden nur punktuell oder noch gar nicht dargestellt.

Nun wäre es fatal, eine neue Trainingstheorie, und um die handelt es sich, auf Trainingslösungen zu beschränken. Neue Trainingssysteme haben weit reichende Konsequenzen für alle Bestandteile des Trainings und machen ein radikales Umdenken, verbunden mit dem Überwinden alter Gewohnheiten, erforderlich. Hierzu sind, für den ambitionierten Leser, zusammenhängende Darstellungen des Gesamtsystems notwendig.

Aber auch in der täglichen Trainingspraxis, insbesondere im Kinder- und Jugendtraining, kann ein schnelligkeitsorientiertes Trainingssystem bereits durch eine reiche Übungsauswahl wirkungsvoll unterstützt werden. Dazu ist kein fundiertes Spezialwissen des Übungsleiters notwendig.

Das Buch ist so aufgebaut, dass eine verständliche Einführung in das elementare Schnelligkeitstraining gegeben wird und, darauf aufbauend, Trainingsmittel aufgezeigt werden, die rezeptartig im täglichen Training eingesetzt werden können. Methodische Hilfen, Variationsmöglichkeiten und Ideen für den Einsatz in verschiedenen Sportarten werden gegeben.

Wir haben eine Darstellungsform gewählt, die eine breite Leserschar vom Freizeit- bis zum Leistungssportler und vom ehrenamtlichen Übungsleiter bis zum sportwissenschaftlich interessierten Leser bzw. Sportstudenten, Sportlehrer und Trainer anspricht.

1 Die Bedeutung der Schnelligkeit für die Leistungsentwicklung

Die Beschleunigung eines Sportgeräts oder Gegners, des eigenen Körpers oder eines Körperteils ist für fast alle sportlichen Bewegungen der Hauptfaktor, der die sportliche Leistung bestimmt. Für die Realisierung der dafür notwendigen Beschleunigungsleistung sind hohe Muskelspannungen erforderlich.

Der menschliche Organismus benötigt zur Bereitstellung der willkürlich maximal realisierbaren Muskelspannung unter isometrischen Bedingungen ca. 500 ms (0,5 s). Im sportlichen Leistungsvollzug steht jedoch in der Regel nur eine viel kürzere Zeit für die Spannungsentwicklung zur Verfügung. Dies hängt mit dem Körperbau des Menschen und der begrenzten Länge der Gliedmaßen zusammen. Wegen der hohen Bewegungsgeschwindigkeiten ist der zur Verfügung stehende Beschleunigungsweg schnell durchlaufen.

Demzufolge besteht die Aufgabe darin, in kurzer Zeit hohe Muskelspannungen aufzubauen. Dies wird maßgeblich über neuromuskuläre Prozesse gesteuert und macht die elementare Schnelligkeit aus.

Wir verstehen unter **Schnelligkeit** alles das, was geschieht, um unter Zeitdruck Bewegungen auszuführen.

Weshalb das im Sport so bedeutsam ist, sollen die folgenden Beispiele zeigen.

1.1 Bedeutung der Schnelligkeit in den Kraft- und Schnellkraftsportarten

Sportarten, die die Hauptbeschleunigung in einem einmaligen Bewegungsakt realisieren, sind azyklisch. Hierzu gehören z. B. alle Sprünge und Würfe. In solchen **azyklischen** Sportarten, in denen die Hauptphase aus einer horizontalen Eingangsgeschwindigkeit heraus ausgeführt wird, ist der Sachverhalt eindeutig. Es gibt einen direkten und sehr engen Zusammenhang der Eingangsgeschwindigkeit zur sportlichen Leistung. Ein typisches Beispiel dafür bietet der Weitsprung. Für eine perspektivische Weltrekordweite wird man mit einer Anlaufgeschwindigkeit von mehr als 11 m/s die Absprungstelle erreichen müssen. Dann hat der Springer für den Absprung nur etwa 100 ms Zeit, ehe er sich bereits wieder aus dem Bereich des Absprungbalkens entfernt hat.

Abb. 1: Zeitdruck beim Weitsprungabsprung

Schafft er es in dieser Zeit nicht, den Absprung auszuführen, ist der Absprungimpuls für die Zielweite zu klein. Läuft er jedoch langsamer an, um ordnungsgemäß abspringen zu können, ist die horizontale Geschwindigkeit für den „Weltrekordsprung" zu gering.

Dieser Mechanismus gilt auch in allen anderen leichtathletischen Sprungdisziplinen, im Turnen, im Eiskunstlauf, im Speerwurf usw. (Knoll, Fetzer & Köthe, 2000).

Auch im Gewichtheben ist der Weg zur vertikalen Beschleunigung der Hantel begrenzt. Auf kurzem Weg und damit in kurzer Zeit ist ein großer Kraftimpuls zu erzeugen.

In Sportarten mit sich **zyklisch** wiederholenden Antriebsimpulsen verhält sich das ähnlich wie bei azyklischen Bewegungen. Der Zeitdruck äußert sich hier darin, dass die Einzelimpulse mit ihrer kurzen Dauer in enger Folge wiederholt werden müssen, um einen kontinuierlichen und maximalen Vortrieb zu ermöglichen. Andererseits sichern erst die kurzen Einzelimpulse wirklich hohe Frequenzen, weil die Dauer des Einzelimpulses die Frequenz direkt mitbestimmt.

Höhere Schrittfrequenzen sind so z. B. beim Sprint in der Leichtathletik auch durch kürzere Stützzeiten auf dem Boden gekennzeichnet. Bei einem 100-m-Sprinter führt die Verkürzung der Stützzeit um nur 1/100 s bereits zu einer Verbesserung der Laufzeit um 50/100 s (0,5 s), wenn man 50 Schritte kalkuliert (Mann, 1999). Dabei muss die Schrittfrequenz jedoch um ca. 5 % bei konstanter Schrittlänge steigen.

1.2 Bedeutung der Schnelligkeit in den Ausdauersportarten

Auch in zyklischen Ausdauersportarten lassen sich Tendenzen höherer Schnelligkeitsanteile in den Bewegungen beobachten. Folgende Beispiele verdeutlichen das:

- Ein erstmaliger Vergleich der Straßenradsportler Jan Ullrich und Lance Armstrong im Bergzeitfahren und Zeitfahren bei der Tour de France 2001 durch Junker (2001) erbrachte folgendes Ergebnis:

	Armstrong	**Ullrich**
Bergzeitfahren		
Geschwindigkeit	28,47 km/h	28,05 km/h
Trittfrequenz	90 U/min	76 U/min
Übersetzung	5,27 m = 66 Zoll	6,15 m = 76 Zoll
Zeitfahren		
Trittfrequenz	105 U/min	90 U/min

Armstrong war der dominierende Fahrer dieser Tour. Er bestach beim Bergzeitfahren durch einen neuen Fahrstil, bei dem er nahezu die gesamte Distanz mit hoher Trittfrequenz im Stehen fuhr. Trotz der geringeren Übersetzung als Ullrich, pro Pedalumdrehung legte er 0,88 m weniger zurück, erreichte er die höhere Fahrgeschwindigkeit. Die von Armstrong realisierte Trittfrequenz war bis zu diesem Zeitpunkt für ein Bergzeitfahren dieser Kategorie absolut unüblich. Auch beim normalen Zeitfahren realisierte Armstrong die deutlich höheren Trittfrequenzen. Berücksichtigt man, dass bei einer Trittfrequenz von 90 U/min für eine Pedalumdrehung 670 ms zur Verfügung stehen, dann muss die

Hauptkraftentwicklung (etwa in einem Quadranten des Tretzyklusses) in ca. 170 ms erfolgen. Für Armstrong sind das bei der Trittfrequenz von 105 U/min 570 ms für die Pedalumdrehung und ca. 145 ms für einen Quadranten. Noch extremer werden diese Werte im Radsprint, wo Trittfrequenzen von etwa 160 U/min erreicht werden. Hier stehen für den Tretzyklus 380 ms zur Verfügung und für den einzelnen Quadranten nur noch 95 ms. Inzwischen haben andere Radsportler die Entwicklung zu höheren Trittfrequenzen nachvollzogen, die auch Vorteile in der Kraftentwicklung und in anderen Parametern zu haben scheint (Krüger, 2001).

- Im Sportschwimmen gibt es die Tendenz, auf allen Streckenlängen beim Kraul den so genannten Sechserbeinschlag (sechs Beinschläge auf einen Armzyklus) zu schwimmen (Küchler, 2001). Dabei liegen dann die Muskelaktionszeiten für die unteren Extremitäten im Bereich von jeweils ca. 170 ms.

- Auch im Kanurennsport (Kajak) sind Frequenzerhöhungen zu verzeichnen. Es werden auf den kurzen Strecken Frequenzen von 160 und mehr Schlägen pro Minute erreicht, wobei die Aktionszeiten im Bereich von 200 ms liegen (Kahl, 1997).

- Im Eisschnelllauf wurde durch die Entwicklung des Klappschlittschuhs die Möglichkeit geschaffen, dem entstandenen Zeitdruck durch eine Verlängerung der Antriebsphase auszuweichen. Durch die dafür notwendigen sporttechnischen Veränderungen hat sich aber auch der Muskeleinsatz verändert. Obwohl die gesamte Stützphase ca. 1.000 ms lang ist, beträgt durch die verbesserten Einsatzbedingungen der schnellen Wadenmuskulatur (Fußstreckung) die eigentliche Abdruckphase nur ca. 200 ms (Ehrig & Müller, 1998).

Auch in den Kampf- und Spielsportarten sowie in den technisch-kompositorischen Sportarten wie Turnen, Eiskunstlauf, Wasserspringen sind diese Tendenzen nachweisbar.

Schnelligkeitsleistungen kommen somit immer auf der Basis grundlegender Leistungsvoraussetzungen zu Stande, die unter hohem Zeitdruck einen effektiven Energieumsatz ermöglichen. Wir bezeichnen diese Leistungsvoraussetzungen als *elementare Schnelligkeit*. Sie ist vor allem an Funktionen des neuromuskulären Systems gebunden.

2 Erscheinungsformen und Definition der elementaren Schnelligkeit

Der elementaren Schnelligkeit kann alles das zugeordnet werden, was unmittelbar der Bewältigung des Zeitdrucks dient, dem ein Sportler bei der Realisierung von Spitzenleistungen ausgesetzt ist.

Ausgeschlossen sind dabei sporttechnische Lösungsvarianten, die das Ziel haben, diesem Zeitdruck auszuweichen.

Der leichtathletische Sprint darf demnach nicht mit der Schnelligkeit gleichgesetzt werden. Der Sprint ist eine Schnelligkeitsleistung, die auf der Basis verschiedenster Leistungsvoraussetzungen zu Stande kommt. Hierzu gehören auch elementare Schnelligkeitsvoraussetzungen.

2.1 Grundlagen der elementaren Schnelligkeit

Für die Maximierung der sportlichen Leistung unter Berücksichtigung des Zeitdrucks ist eine schnelle Bereitstellung hoher Energiemengen notwendig. Dies erfordert in kürzester Zeit die Umwandlung einer möglichst großen Menge energiereicher Substrate im Muskel in mechanische Muskelarbeit. Die Höhe der umgewandelten chemischen Energie im Muskel in biomechanische ist abhängig von

a) den Eigenschaften der beteiligten neuromuskulären Strukturelemente (dem vorhandenen neuromuskulären Substrat) und

b) der Steuerung der Arbeit bzw. Zusammenarbeit dieser neuromuskulären Strukturelemente.

2.1.1 Strukturelemente des neuromuskulären Systems

Das zentrale neuromuskuläre Strukturelement ist die motorische Vorderhornzelle (Motoneuron) im so genannten *Motoneuronenpool*. Sie innerviert und steuert eine mehr oder weniger große Zahl von Muskelfasern. Bei großmotorischen Muskeln (z. B. M. gastrocnemius) werden bis zu 1.600 Fasern versorgt, bei feinmotorischen

(z. B. Augenmuskeln) etwa 10 Fasern. Die Vorderhornzelle bestimmt auch die Eigenschaften der Nervenfasern, des Muskelfasertyps sowie weiterer Strukturelemente. Die Vorderhornzelle mit den efferenten Nervenfasern, den motorischen Endplatten und allen Muskelfasern, die durch die eine Vorderhornzelle versorgt werden, wird deshalb auch als *motorische Einheit* bezeichnet.

Tab. 1: Strukturelemente des neuromuskulären Systems

Strukturelement	Funktion
Motorisch bedeutsame Exterorezeptoren	Sensoren, die über von außen kommende Reize verschiedener Art informieren.
Propriozeptoren	Sensoren, die über Stellung und Lage der Gelenke sowie über die Muskelspannung Informationen geben, z. B. Muskelspindeln.
Motorische Vorderhornzellen	Zentrale motorische Nervenzelle, die mit efferentem Nerv, den motorischen Endplatten und den Muskelfasern die motorische Einheit bildet.
Afferente Nervenfasern	Nervenfasern, die Informationen von den Muskelrezeptoren zu den Nervenzellen im Rückenmark leiten.
Efferente Nervenfasern	Nervenfasern, die Informationen von den Vorderhornzellen zu den Muskeln leiten.
Synapsen einschließlich motorischer Endplatten	Übertragungsorgan zwischen Nervenzellen bzw. von der Nervenzelle auf andere Organe.
Muskelfasern	Motorische Erfolgsorgane; eine Vorderhornzelle versorgt immer mehrere Muskelfasern, die im Muskel verteilt liegen.
Hemmende und erregende Interneurone	Nervenzellen im Rückenmark, mit Anbindung an höher gelegene Bereiche des Zentralnervensystems, die auf die Vorderhornzelle entweder erregende oder hemmende Wirkung haben.

Die Unterteilung in Muskelfasertypen ist besonders bedeutsam. Er wird vor allem eine Unterscheidung in schnellere oder langsamere Muskelfasern vorgenommen. Die schnellen Typ II- bzw. FT-Fasern (Fast-Twitch) und die langsamen Fasern Typ I bzw. ST-Faser (Slow-Twitch) haben unterschiedliche Ausstattungen und Eigenschaften. So zeichnen sich die schnellen Fasern vor allem durch eine schnellere Energieumwandlung aus. Die Verteilung der Fasertypen kann sich bei Sportlern deutlich unterscheiden. So haben beispielsweise Marathonläufer in wichtigen Arbeitsmuskeln bis zu 80 % langsame „Ausdauer"-fasern, während Sprinter bis zu 80 % schnelle „Sprint"-Fasern aufweisen. Diese Faserverteilung ist beim Erwachsenen sehr stabil und lässt sich durch Training kaum verändern. Beim schnellen Muskelfasertyp gibt es wiederum verschiedene Unterformen (FT oxidativ – FT glykolytisch). Die Anteiligkeit dieser Unterformen lässt sich durch Training auch in kurzen Zeiträumen von 4-6 Wochen verändern.

2.1.2 Steuerungsfunktionen im neuromuskulären System

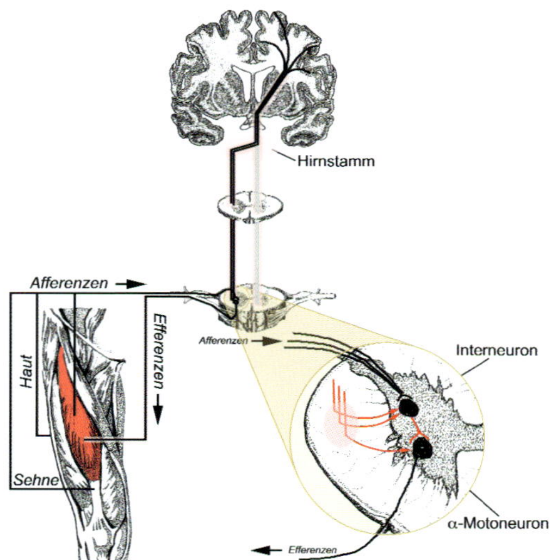

Abb. 2: Spinalmotorische Steuerung der Muskelarbeit mit zentraler Anbindung

Um Bewegungen qualitativ und quantitativ steuern zu können, stehen dem Nervensystem drei Arten der Abstufungs- und Steuerungsmöglichkeiten zur Verfügung: Rekrutierung, Synchronisierung und Frequenzierung.

Bei der **Rekrutierung** und **Synchronisierung** geht es um die Anzahl der aktivierten motorischen Einheiten bzw. um die Gleichzeitigkeit bei diesem Prozess. Bei der **Frequenzierung** ändert sich die Frequenz der Impulse, die das Nervensystem aussendet. Bei hohen Frequenzen werden insbesondere die schnellen Fasern aktiviert bzw. auf hohem Aktivitätsniveau gehalten.

Die Entladungsfrequenzen der Motoneurone sind je nach Typ nur in relativ geringen Grenzen variabel. Schnelle Motoneurone haben bereits von Natur aus höhere Entladungsfrequenzen.

Die Abstufung der Kraftentfaltung erfolgt vorrangig über die Rekrutierung. Allgemein wird davon ausgegangen, dass zuerst die kleinen, langsameren Muskelzellen erregt werden und sich mit höherer Kraftanforderung die größeren, schnellen Muskelfasern zuschalten. Dies ist das so genannte *hennemannsche Prinzip*.

Bei schnellen Muskelaktionen mit hohen Kraftanforderungen und unter Zeitdruck gilt dieses Rekrutierungsprinzip nicht mehr. Es wird dahingehend verändert, dass auch die schnellen Muskelfasern von Beginn an mit rekrutiert werden (Desmedt & Godeaux, 1978).

Diesen Mechanismus der Rekrutierung bestimmen vor allem erlern- und trainierbare Steuerprogramme. Er kann aber auch durch bestimmte Strukturelemente befördert werden, z. B. durch die Muskelspindeln, die bei vorhergehenden Muskeldehnungen aktiviert werden.

Auf diesem Weg ist es möglich, dass zu Bewegungsbeginn eine große Anzahl von Motoneuronen im Motoneuronenpool synchron mit hoher Entladungsfrequenz aktiviert wird und es steht in kurzer Zeit eine hohe Energiemenge für die Bewegungsausführung zur Verfügung. Dieser Vorgang wird durch spinale, d. h. im Rückenmark gespeicherte Programme gesteuert. Der Ablauf dieser Programme kann bewusst nicht beeinflusst werden.

Diese „elementaren" Programme können nicht mit den Programmen, die die komplexe sportliche Technik steuern, gleichgesetzt werden.

Die komplexe sportliche Technik wird in hierarchisch höheren Bereichen des Zentralnervensystems als komplexes intermuskuläres Bewegungsprogramm gespeichert. Es steuert das Zusammenwirken der Muskeln untereinander bei einer bestimmten Bewegungsaufgabe. Dabei wird auch auf spinale elementare Programme zurückgegriffen, die jeweils für vielfältige Bewegungen genutzt und komplett in intermuskuläre Programme übernommen werden können.

2.2 Schnelligkeit bei unterschiedlichen Bewegungsformen

Diese Steuerprogramme zur Bewältigung des Zeitdrucks im sportlichen Leistungsvollzug sichern eine weitestgehend synchrone Aktivierung eines hohen Anteils motorischer Einheiten zum richtigen Zeitpunkt. Sie gewährleisten eine hohe Umwandlungsrate biochemischer in mechanische Energie und ermöglichen so eine hohe mechanische Leistungsabgabe.

Als die Erscheinungsformen der elementaren Schnelligkeit werden unterschieden:

- die Schnelligkeit bei reaktiven Bewegungen,
- die Schnelligkeit bei nichtreaktiven Bewegungen aus definierter Vorspannung oder relativer Ruhe,
- die zyklische elementare Schnelligkeit (Frequenzschnelligkeit) und
- die Reaktionsschnelligkeit.

Die elementare Schnelligkeit wird erst durch das Zusammenwirken ihrer Erscheinungsformen untereinander bzw. mit anderen Leistungsvoraussetzungen leistungswirksam und diagnostizierbar.

2.2.1 Schnelligkeit bei reaktiven Bewegungen

Typische Beispiele für reaktive Bewegungen sind alle Sprünge und Armabdrücke aus Anläufen. Auf Grund der Anlaufgeschwindigkeit trifft der Körper mit einer mehr oder weniger hohen Geschwindigkeit auf die Absprung- bzw. Abdruckstelle auf. Dadurch kommt es vor der eigentlichen Muskelverkürzung zu einer schlagartigen Muskeldehnung. Diese Dehnungsphase dominiert den gesamten weiteren Verlauf der Bewegung.

Die Muskeldehnung wirkt auf einen stark aktivierten (vorinnervierten) Muskel, dadurch entstehen in der Dehnungsphase Muskel- und Sehnenzugspannungen, die willkürlich erreichbare Werte um ca. 30-40 % überschreiten können (de Marées, 2002, S. 206). Außerdem werden Muskeldehnungsreflexe ausgelöst, die ggf. eine weitere Verstärkung der Innervation des Muskels bewirken (Schmidtbleicher, Dietz, Noth & Antoni, 1978).

Die Spannungsentwicklung des Muskels hängt wesentlich von der Stiffness ab, die beeinflusst wird durch:

- die Voraktivierung des Muskels,
- den Muskelfasertyp,
- die Ausgangslänge des Muskels sowie
- die Dehnungsgeschwindigkeit.

Wenn es zu einer sehr synchronen Innervation der Muskulatur aus dem Motoneuronenpool heraus kommt, läuft dieser Prozess effektiv ab.

Dadurch wird es möglich, einen wirkungsvollen Dehnungs-Verkürzungs-Zyklus und damit Absprung auszuführen, obwohl sich die dafür zur Verfügung stehende Zeit wegen der steigenden Anlaufgeschwindigkeit verkürzt.

Abb. 3: Der reaktive Bewegungsablauf am Beispiel eines Hochsprungabsprungs

2.2.2 Schnelligkeit bei nichtreaktiven Bewegungen

Diese Form der Schnelligkeit ist bei Bewegungen bedeutsam, die aus einer definierten Vorspannung oder relativen Ruhe heraus ausgeführt werden und die das Erreichen einer maximalen Endgeschwindigkeit der Einzelbewegung zum Ziel haben. Es sind Bewegungen ohne schlagartige Muskeldehnungen zur Erhöhung der Muskelspannung, d. h., sie haben nichtreaktiven Charakter.

Typische Beispiele sind Absprünge und Abdruckbewegungen aus der Ruhe, z. B. im Skisprung, beim Startsprung im Schwimmen, beim Tiefstart in der Leichtathletik, einige Absprünge im Wasserspringen, Teilbewegungen beim Kugelstoßen oder Diskuswurf bzw. bei Würfen aus dem Anlauf wie Speerwurf oder beim Handball.

Auch in Sportarten, bei denen der Abdruck aus einer Gleitbewegung, also ohne einen harten Abdruckpunkt, erfolgt, wie beim Eisschnelllauf oder der Skatingtechnik im Skilanglauf, tritt diese Bewegungsform auf.

Weitere Bewegungen, die dieser Form zugeordnet werden können, sind die, die den schnellen Aufbau des Bewegungswiderstandes durch den Sportler selbst erfordern. Hierzu zählen Bewegungen, die mit der Vortriebserzeugung im Wasser verbunden sind oder der Radsport. Dabei muss die Muskelspannung ohne einen festen äußeren Widerstand aufgebaut werden. Das Widerlager wird vom Sportler erst „gespürt", wenn er die Systemgeschwindigkeit erreicht hat (z. B. Kurbelgeschwindigkeit im Radsport, Schlupf im Rudern).

Die Schnelligkeit bestimmt sich auch bei nichtreaktiven Bewegungsformen vor allem durch die möglichst synchrone Aktivierung der beteiligten Muskelfasern bzw. der motorischen Einheiten. Dies äußert sich dann in einem schnellen und steilen Anstieg der beschleunigenden Muskelkraft bzw. in einem schnellen Aufbau der Muskelspannung gegen einen Widerstand. Nur so lässt sich der Zeitdruck auf Grund der begrenzten Beschleunigungswege effektiv bewältigen.

2.2.3 Zyklische Schnelligkeit (Frequenzschnelligkeit)

Bei zyklischen Schnelligkeits- und Schnellkraftbewegungen treten zwei Formen der Schnelligkeit auf. Einerseits gibt es in jedem Einzelimpuls die azyklische Schnelligkeitskomponente, andererseits kommt es zu einer maximal häufigen Bewegungswiederholung pro Zeiteinheit. Diese maximal schnelle Wiederholung von Einzelzyklen ist überall dort notwendig, wo in schnellster Folge neue Antriebsimpulse – also unter Zeitdruck – gesetzt werden müssen. Hinter dieser Erscheinung verbirgt sich eine eigenständige Schnelligkeitsform. Sie wird allerdings durch die Dauer der azyklischen Komponente mit beeinflusst. Ein solcher Einzelzyklus besteht aus der Antriebsphase und der Rückhol- bzw. Entspannungsphase, also dem permanenten Wechsel von Erregung und Hemmung. Die Summe beider Zeiten ist die Dauer des Einzelzyklusses (T), der die Frequenz (f) direkt bestimmt:

$$f = \frac{1}{T}$$

Bewegungsfrequenzen innerhalb sportlicher Leistungen haben jedoch auf Grund der Masse der bewegten Körperteile oder Sportgeräte in jedem Fall komplexen Charakter. Dies zeigt sich u. a. an deutlichen Beziehungen zwischen Kraftvoraussetzungen und den erreichten Frequenzwerten bei großräumigen Bewegungen. Sportler, die jedoch bei großräumigen Bewegungen besonders hohe Frequenzen erreichen, zeichnen sich auch durch sehr hohe Frequenzwerte bei extrem kleinräumigen Bewegungen aus. Diese werden auch als *Tapping* bezeichnet. Tappingbewegungen werden alternierend, also wechselseitig, als zyklische, fortlaufende Bewegung ausgeführt. Zur Messung der Tappingfrequenzen eignen sich Kontaktplatten.

Sie sind ein Ausdruck der Möglichkeit, durch eine dichte Folge von Einzelimpulsen unter Zeitdruck einen kontinuierlichen Energiefluss zu sichern.

2.2.4 Reaktionsschnelligkeit

Die **Reaktionsschnelligkeit** entspricht der **Reaktionszeit**.

Oftmals wird dabei die motorische Aktion mit einbezogen. In dem Fall ist die Reaktionsschnelligkeit jedoch keine elementare Leistungsvoraussetzung mehr, weil die motorische Komponente eine eigenständige elementare Leistungsvoraussetzung darstellt.

Die elementare Reaktionsschnelligkeit umfasst also ledig die Dauer von der Reizsetzung bis zum Beginn einer motorischen Aktion.

Nur durch eine kurze Zeit von der Reizsetzung bis zum Aktionsbeginn kann der im sportlichen Leistungsvollzug bestehende zeitliche Druck effektiv bewältigt werden.

Bedeutsam für die Reaktionszeit sind die Rezeptoren, über die der Reiz aufgenommen wird. Klassisch werden drei Formen von Reizsensoren unterschieden, taktil – Haut, akustisch – Ohr, visuell – Auge. Im Sport spielen aber auch die propriozeptiven Sensoren eine wichtige Rolle. Sie sind in den Muskeln, Sehnen und im Bindegewebe lokalisiert und nehmen Veränderungen der Muskelspannung, Muskellänge und der Gelenkwinkel wahr. Hinzu kommen noch die Informationen über Lage und Bewegung des Körpers über den Vestibularapparat, das Gleichgewichtsorgan des Menschen. Viele dieser Reaktionen, vor allem die auf propriozeptive Signale, laufen vom Bewusstsein unabhängig ab.

Meist hat ein Rezeptor das Primat. Bei einem Start im Schwimmen oder der Leichtathletik ist es der akustische Rezeptor, im Boxen vorrangig der optische, im Ringen maßgeblich auch der taktile Rezeptor. Vor allem in Sportarten mit direkter Gegnereinwirkung, also in Kampf- und Spielsportarten, ist die Vielfalt der möglichen Reizaufnahmen aber unbedingt im Training zu berücksichtigen.

2.3 Alternativtechniken

Wenn fehlende kurze Zeitprogramme die Leistungsentwicklung behindern, wird nach Alternativtechniken gesucht, die die fehlenden Schnelligkeitsvoraussetzungen teilweise kompensieren können. Sie verfolgen das Ziel, dem Zeitdruck auszuweichen.

Ein Beispiel dafür ist der Hochsprung. Es werden zwei Technikvarianten, der **Speed-** und der **Powerflop**, unterschieden. Die Stützzeiten unterscheiden sich hier deutlich. Beim Speedflop liegen sie bei ca. 130-140 ms, wogegen die Stützzeiten beim Powerflop, mit geringerer Anlaufgeschwindigkeit und stärkerer Sprungbeinbeugung beim Absprung, im Bereich von 170 ms und darüber liegen.

Es ist z. B. nur dann möglich, einen effizienten Speedflop zu springen, wenn der betreffende Sportler das kurze Zeitprogramm als elementare Leistungsvoraussetzung realisieren kann. Dazu müssen zumindest bei der Testübung *Drop Jump* kurze Zeitprogramme gezeigt werden können.

Der Powerflop versteht sich somit als Alternativ- oder Kompensationstechnik, um fehlende kurze Zeitprogramme auszugleichen.

Diese Technikvarianten werden in ähnlicher Form auch im Eiskunst- und Rollkunstlauf beim Absprung zum Axel angewandt. Auch hier nutzen Sportler mit geringeren Schnelligkeitsvoraussetzungen Technikvarianten, die ihnen einen längeren Beschleunigungsweg und damit auch eine etwas verlängerte Absprungdauer ermöglichen (Seifert, 1999). Hier liegen die technischen Unterschiede ebenfalls neben der größeren Beugetiefe für den Absprung in der Anfahrgeschwindigkeit und im Einsatz der Schwungelemente.

Im Diskuswurf ist ein anderes Vorgehen erkennbar. Es erfolgt z. T. eine stärkere Nutzung der Auftaktbewegung (Hildebrand, 2004). Hier besteht die Grundüberlegung darin, die Limitierung der finalen Beschleunigungsphase durch eine größere Geschwindigkeit des Diskus bereits zu deren Beginn etwas zu entschärfen. Andererseits setzt sich der Werfer durch die höhere Eingangsgeschwindigkeit einem größeren Zeitzwang für die Endbeschleunigung aus. Diese Technikvariante kann somit als

Alternativtechnik verstanden werden, kann aber ebenso gut die besonderen Schnelligkeitsvoraussetzungen besser zur Geltung bringen. Dies soll am Beispiel der Technik von Virgilijus Alekna (LTU) im Vergleich mit einem Vertreter der klassischen Wurftechnik, Lars Riedel (GER), verdeutlicht werden. Durch eine energischer ausgeführte Auftaktbewegung hat Alekna bereits zu Beginn des Umspringens einen um ein Drittel höheren Drehimpuls. Diesen überträgt er im weiteren Bewegungsverlauf auf den Diskus. Der wiederum hat zu Beginn der finalen Beschleunigung im oberen Hochpunkt eine im Vergleich mit seinem Konkurrenten um 1 m/s höhere Geschwindigkeit.

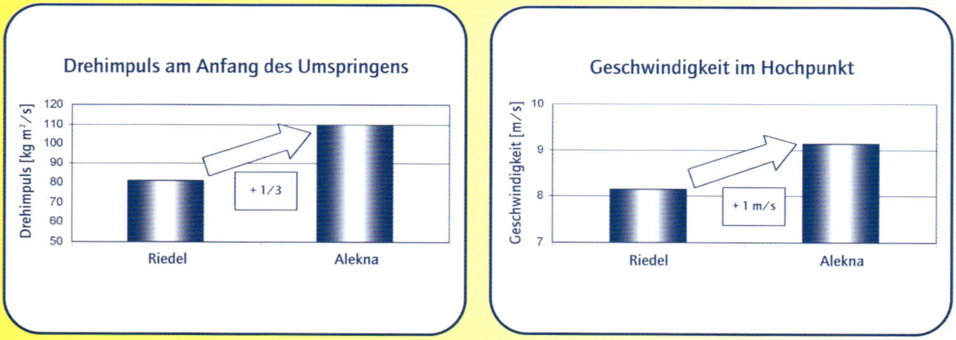

Abb. 4: Vergleich der Wurftechniken von Alekna und Riedel

Dieses Beispiel zeigt, dass Alternativtechniken nicht nur Notlösungen darstellen. Vielmehr nutzen Sportler mit sehr guten Schnelligkeitsvoraussetzungen Elemente der Alternativtechniken zur besseren Umsetzung ihrer besonderen Voraussetzungen, wie hier Alekna.

3 Zeitprogramme und ihre Eigenschaften

3.1 Der Zeitprogrammbegriff

Die elementare Schnelligkeit wird durch Innervationsprogramme bestimmt, die im spinalen Nervensystem gespeichert sind und vom Bewusstsein unabhängig ablaufen. Die azyklische Schnelligkeit äußert sich in der Einbeziehung einer großen Anzahl an Muskelfasern schon zu Beginn der Bewegungen, also in einer hohen Rekrutierungsrate und Synchronität. In der zyklischen Schnelligkeit kommt es auf eine dichte Folge effizienter (azyklischer) Impulsgruppen an. Von diesen entspricht jede einem kompletten Einzelzyklus mit allen Teilbewegungen wie Beschleunigen, Abbremsen, Rückholen, ... Auch diese dichte Folge der Einzelzyklen wird durch ein spinales Programm gesteuert, das die zeitlichen Abläufe festlegt und koordiniert. Bei der Reaktionsschnelligkeit spielt vor allem ein rationeller Leitungsweg der Impulse über möglichst wenige Schaltstellen (an Synapsen), insbesondere bei der zentralen Verarbeitung, eine Rolle. Dieser „Leitungsweg" ist ebenfalls als ein Programm zu verstehen.

Alle hier genannten Programme sind in ihrem zeitlichen Ablauf kürzer als 200 ms. Da erst bei längeren Zeiten eine bewusste Bewegungssteuerung möglich ist, können diese elementaren Programme nur unbewusst ablaufen (Heuer, 1978).

Ein wesentliches Merkmal dieser elementaren „Schnelligkeitsprogramme" ist ihre zeitliche Begrenzung und zeitliche Stabilität. Überwiegend werden Bewegungen als zeitliches und weniger als räumliches Muster abgespeichert. Die Rekrutierung der Motoneurone gehört auf alle Fälle zu diesen zeitlich determinierten Aktivitäten. Sie werden deshalb auch als *Zeitprogramme* (Bauersfeld & Voß, 1992) bezeichnet. Sie können über die Messung der Dauer der Hauptaktivität einer Bewegung meist relativ leicht im Training diagnostiziert werden.

Zwei Formen von Zeitprogrammen sind zu unterscheiden, die *kurzen* und die *langen* Zeitprogramme. Kurze Zeitprogramme stehen dabei immer für eine gute elementare Schnelligkeit. Nur durch sie gelingt es, kurze und effektive Hauptphasen mit hohen Antriebsimpulsen zu realisieren bzw. eine hohe Dichte (Frequenz) der Impulse oder kurze Reaktionszeiten zu sichern. So wird eine effektive Bewältigung des äußeren Zeitdrucks möglich.

Um zu wissen, wie man die Zeitprogramme im Training nutzen oder gegebenenfalls kurze Zeitprogramme ausbilden kann, müssen deren Eigenschaften bekannt sein.

3.1.1 Zeitprogramme bei reaktiven Bewegungen

Am Beispiel azyklischer reaktiver Bewegungen wurden die Eigenschaften der Zeitprogramme bisher relativ umfassend untersucht. Die hier gewonnenen Erkenntnisse lassen sich prinzipiell auch auf die Zeitprogramme bei den anderen Schnelligkeitsformen übertragen. Zuerst soll dargestellt werden, was das Zeitprogramm bei einer reaktiven Bewegung ausmacht. Reaktive Bewegungen werden aus einer Flugphase heraus ausgeführt und sind meist Absprung- oder Abdruckbewegungen. Die Unterschiede zwischen den beiden Zeitprogrammqualitäten sind in der Muskelansteuerung begründet. So werden im kurzen Zeitprogramm die Schlüsselmuskeln zeitlich deutlich vor dem Boden- oder Gerätekontakt eingeschaltet. Die Muskelaktivität liegt dabei vor allem in der ersten Bewegungsphase sehr hoch und sinkt in der Beschleunigungsphase bereits wieder ab.

Aufzeichnungen der Muskelaktivität über ein Elektromyogramm (EMG) zeigen, dass kurze Zeitprogramme durch eine ca. 40 ms lange Vorinnervation (vor dem ersten Bodenkontakt), einen sehr schnellen Anstieg der elektrischen Aktivität und ein Erreichen der höchsten Aktivität bereits in der ersten Hälfte der Stützzeit gekennzeichnet sind. Lange Zeitprogramme haben keine so ausgeprägte Vorinnervation, die Aktivität steigt nicht kontinuierlich an und ist z. T. durch Phasen verringerter Aktivität unterbrochen und die Gipfelaktivität oder ein zweiter Aktivitätsgipfel werden oft erst in der zweiten Hälfte der Stützzeit erreicht (vgl. Abb. 5).

Die meisten Untersuchungen hierzu wurden am Beispiel des Drop Jumps durchgeführt. Der Drop Jump ist eine relativ unkomplizierte und viel genutzte Test- und Trainingsübung.

Drop Jump von links nach rechts

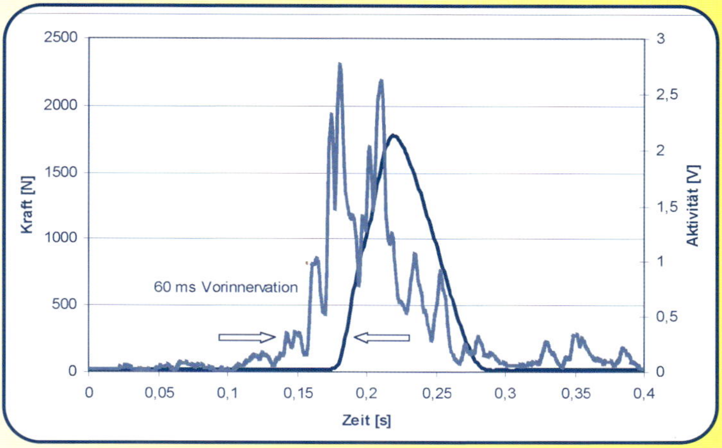

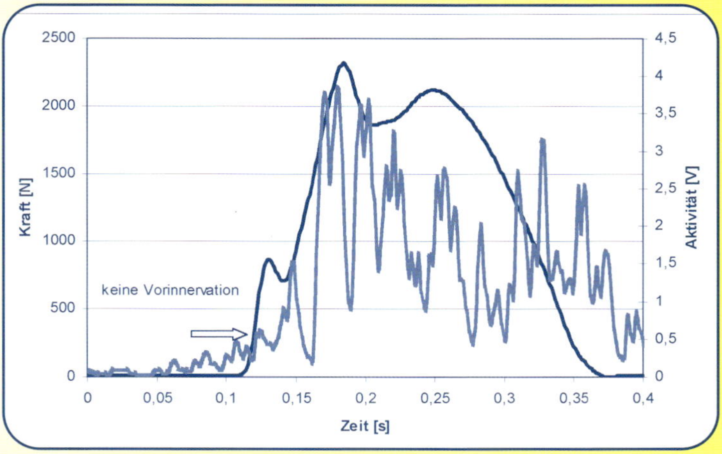

Abb. 5: EMG des M. rectus femoris und Kraft-Zeit-Verlauf der Bodenreaktionskraft bei einem Drop Jump im kurzen (oben) und im langen Zeitprogramm (unten) sowie der zugehörige Bewegungsablauf

Auf den Drop Jump bezogen, stellen sich die beiden Zeitprogrammtypen folgendermaßen dar:

Die Programme unterscheiden sich erstens in der Dauer der Stützphase. Synonym werden auch die Begriffe **Stützzeit, Kontaktzeit, Absprungdauer** u. a. m. verwendet.

Die spezifische Zeitprogrammgrenze des Drop Jumps liegt bei einer Stützzeit von ca. 140 ms. Das heißt, die Realisierung kurzer Zeitprogramme ist in diesem Fall an Stützzeiten von unter 140 ms gebunden. Die Bedeutung dieser Zeitgrenze liegt vor allem in einer einfachen Diagnostizierbarkeit unter Trainingsbedingungen.

Dieser Wert hängt aber auch von der genutzten Messmethode ab, da Messsysteme, die den Stütz schon vor dem Boden erfassen, wie z. B. Opto-Jump, längere Zeiten messen.

3.1.2 Zeitprogramme bei den anderen Schnelligkeitsformen

Auch in anderen Bewegungsklassen kommt es, ähnlich wie bei reaktiven Bewegungen, unter Zeitzwang zur synchronen Aufschaltung schneller motorischer Einheiten. Im Unterschied zu reaktiven Bewegungen beginnen **Bewegungen aus der relativen Ruhe bzw. definierter Vorspannung** nicht mit einer schlagartigen Muskeldehnung. Aber auch diese Bewegungen laufen in einer Zeit unter 200 ms ab, wenn sie schnelligkeitsdominiert sind. Ein typisches Beispiel für diese Bewegungsklasse ist die Absprungbewegung des Skispringers. Er besitzt eine hohe Anfahrgeschwindigkeit und muss deshalb die Absprungbewegung in sehr kurzer Zeit ausführen und dabei eine hohe vertikale Absprunggeschwindigkeit erreichen. Dieser Zeitzwang stellt die Anforderung für die azyklische Schnelligkeit aus einer definierten Vorspannung dar. Es kann dieser Anforderung nur entsprochen werden, wenn die Aktivität einer großen Anzahl schneller motorischer Einheiten synchronisiert wird.

Am einfachsten kann dieser Mechanismus an einer isometrischen Kontraktion erklärt werden. Dabei wird gegen einen festen Widerstand so schnell und so stark wie möglich eine Kraft ausgeübt.

Zur Beschreibung des aufgezeichneten Kraft-Zeit-Verlaufs können folgende Parameter verwendet werden (vgl. Abb. 6):

- Explosivkraftkennziffer (Zatsiorsky, 1968): Quotient aus Kraftmaximum und Zeit,
- Kraftgradient (Zatsiorsky ebenda): Quotient aus der Hälfte des Kraftmaximums und der dazugehörigen Zeit,
- Explosivkraft (Bührle, 1985): maximaler Anstieg der Kraftkurve,
- Startkraft (Bührle ebenda): Kraftentwicklung innerhalb der ersten 30 ms.

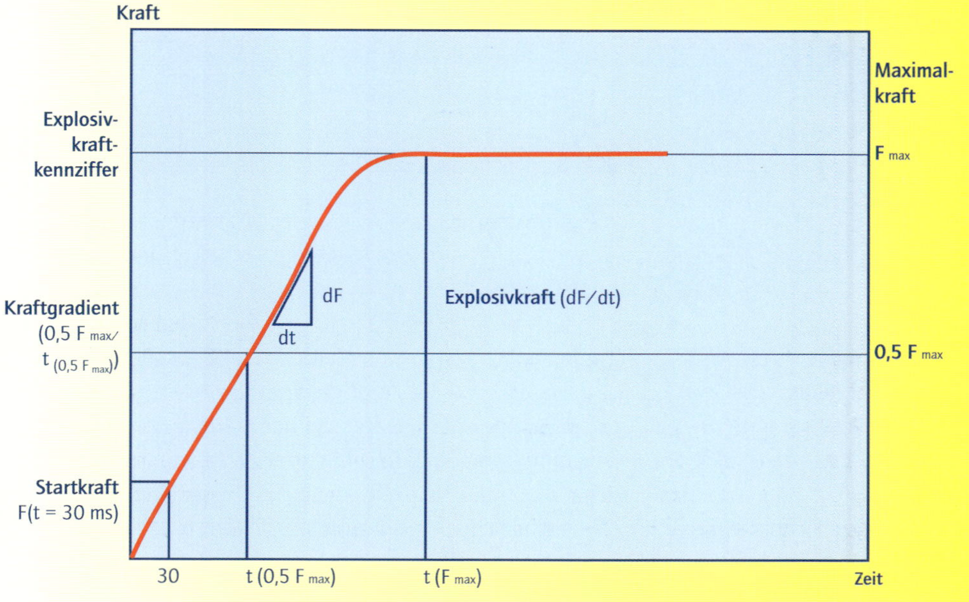

Abb. 6: **Ermittlung der Schnellkraftparameter nach Bührle und Zatsiorsky**

Vor allem die Startkraft und der Kraftgradient können als Schnelligkeitsparameter angesehen werden, die durch die Rekrutierungsrate bestimmt sind.

Die isometrischen Arbeitsbedingungen entsprechen jedoch nur z. T. den Anforderungen der sportlichen Praxis. Dort verändern sich während der Bewegung die Gelenkwinkel, was unter isometrischen Bedingungen nicht der Fall ist. Deshalb muss auf einige Sonderfälle in dieser Bewegungsklasse eingegangen werden.

Einen dieser Sonderfälle bilden Bewegungen, in denen das Widerlager aktiv vom Sportler aufgebaut werden muss. Bevor eine vortriebswirksame Kraft ausgeübt werden kann, muss zuerst die Systemgeschwindigkeit des Bootes oder des Schwimmers beim Durchzug erreicht werden. Die Anforderungen dafür steigen mit der Zunahme der Systemgeschwindigkeit, da in immer kürzeren Zeiten höhere Teilkörpergeschwindigkeiten (z. B. der Hand) erreicht werden müssen.

Für diese Bewegungsformen ist auch typisch, dass das Zusammenwirken der Muskelgruppen durch ein deutliches Nacheinander des Einsatzes der einzelnen Gelenkantriebe hin zum Endglied gekennzeichnet ist, z. B. von der Hüfte, über Knie zum Fuß oder von der Hüfte über Rumpf, Schulter, Ellbogen bis zum Handgelenk. Dadurch ist die Nutzung größerer Beschleunigungswege möglich.

Diese intermuskulär koordinierten Bewegungen setzen sich aus einer Abfolge elementarer Einzelprogramme zusammen, den Programmen der Arbeit der einzelnen Gelenke. Bei jedem Einzelnen dieser elementaren Teilprogramme sollte es aus einer Vorinnervation heraus zu einer konzentrierten maximalen Muskelaktivierung kommen. In der Qualität dieser elementaren Einzelprogramme, insbesondere in der frühzeitigen Innervation, spiegelt sich die elementare Schnelligkeit wider. Es ist entscheidend, wie es gelingt, vor allem die schnellen Muskelfasern frühzeitig und synchron anzusteuern.

Von besonderer Bedeutung ist in vielen Fällen der endgültige Abdruck, also das „endbeschleunigende" elementare Programm, da dies bei höchsten Bewegungsgeschwindigkeiten zur Wirkung kommt.

Die intermuskulären Koordinationsprogramme („Technikprogramme") nutzen also die elementaren Schnelligkeitsprogramme und fügen sie zu einem komplexen Programm zusammen.

Bei der zyklischen Schnelligkeit zeigen sich die Zeitprogramme am deutlichsten in der Tappingfrequenz.

Beim Tapping können über eine kurze Zeitdauer hohe Bewegungsfrequenzen zwischen 7 und 17 Hz erreicht werden. Die Tappingbewegungen werden mit den Armen oder Beinen aus unterschiedlichen Positionen ausgeführt. Die Bewegungsamplitude ist relativ gering. Sie beträgt z. B. beim Fußtapping in stehender Position zwischen 0,3 und 5 cm.

Äußerlich hängt eine hohe Tappingfrequenz von dem gegenüber Trainingseinflüssen sehr stabilen Faktor **Kontaktzeit** auf der Unterstützungsfläche und dem gut trainierbaren Kriterium **Hubzeit** ab. Ursächlich wird sie jedoch vor allem von der Qualität der nervalen Ansteuerung der wechselseitigen Muskelarbeit bestimmt. Hierbei wirkt ein spezifisches Steuerprogramm, das auf der Basis des neuromuskulären Substrats (z. B. Nervenleitgeschwindigkeit, Alphawellen im ZNS, ...) arbeitet und dichte Impulsfolgen bei kurzen Einzelimpulsen generiert. Dieses ist das Zeitprogramm für zyklische Bewegungen. Es nutzt das Zeitprogramm für azyklische Bewegungen jedoch als Grundlage mit.

Die höchsten Frequenzen, die in sportartspezifischen Bewegungsabläufen erreicht werden, liegen über 5 bzw. sogar 6 Hz (Schrittfrequenz beim Sprint, Schlagfrequenz beim Boxen, Beinbewegung im Schwimmen). Die höchsten Frequenzen, die im Tapping als unspezifischem Test erreicht werden können, sind bis zu 3 x höher.

Es bestehen jedoch gesicherte Zusammenhänge zwischen der Bewegungsfrequenz in der spezifischen Bewegung und der Tappingfrequenz in unspezifischen Tests. Die gleichen Grundprogramme steuern somit offensichtlich diese unterschiedlichen Bewegungen.

Die Tappingübungen eignen sich deshalb sehr gut als Test für die zyklischen Schnelligkeitsvoraussetzungen.

Tab. 2: Sportartspezifische Frequenzanforderungen

Sportart	Anforderung WKÜ	Testübung	Testanforderung
Sprintlauf	5,5 Schritte pro s Stützzeit 70 ms	Tapping stehend	14-17 Hz Stützzeit 50-70 ms
Straßenradsport	100 U/min	Ergometer ungebremst	230-250 U/min
Straßenradsport – Sprintspezialist	130 U/min	Ergometer ungebremst	250-260 U/min
Radsprint	160 U/min	Ergometer ungebremst	275-285 U/min
Schwimmen – Kraul Beine	Sechserbeinschlag	Tapping liegend	14 Hz

Auch **bei der elementaren Reaktionsschnelligkeit** können wir von Zeitprogrammen sprechen. Die Reaktionsschnelligkeit bzw. die Reaktionszeiten sind abhängig:

- von der Art des Rezeptors,
- vom Charakter des jeweiligen Motoneurons und damit der Reizleitungsgeschwindigkeit der beteiligten Nerven und
- von der Anzahl der an der zentralnervalen Verarbeitung beteiligten synaptischen Verschaltungen.

Vor allem der letztgenannte Prozess ist beeinflussbar, wogegen die anderen Komponenten stark von der Struktur des beteiligten Substrats abhängen.

Die synaptische Verschaltung in der „Schaltzentrale" entspricht einer „festen" Verschaltung, also einem Programm, nach dem jede entsprechende Reaktion abläuft.

3.2 Welche Eigenschaften haben Zeitprogramme?

Zeitprogramme besitzen Eigenschaften, die sowohl ihre Rolle als elementare Leistungsvoraussetzung unterstreichen als auch für ihre trainingsmethodische Nutzung und Beeinflussung von Interesse sind:

- In den Zeitprogrammen spiegeln sich die morphologischen Eigenschaften des neuromuskulären Substrats wider.
- Zeitprogramme sind elementare, generalisierbare Leistungsvoraussetzungen.
- Die Zeitprogrammgrenzen äußern sich bewegungsspezifisch.
- Zeitprogramme ermüden in mehreren, aufeinanderfolgenden Einzelbelastungen nur schwer.
- Zeitprogramme bestimmen die Gestaltung räumlicher Technikparameter mit.

3.2.1 In den Zeitprogrammen spiegeln sich die morphologischen Eigenschaften des neuromuskulären Substrats wider

Untersuchungen haben gezeigt, dass Struktur und Leistungen der spinalen Sensomotorik Beziehungen zu den Zeitprogrammen aufweisen.

Schnell kontrahierende FT-Fasern stellen bereits bei geringerer Vordehnung die Energie effizienter bereit (Tihanyi, Apor & Fekete, 1983). Die durch die Dehnung initiierte Reflexantwort kann die Verkürzungsphase des Muskels unterstützen (Schmidtbleicher et al., 1978). Sportler mit einem höheren Anteil solcher Muskelfasern haben somit bessere Voraussetzungen für die Realisierung kurzer Zeitprogramme. FT-Muskelfasern werden durch schnelle Nervenfasern versorgt. Also dürften Nervenleitgeschwindigkeit und Zeit für den Durchlauf des Reflexbogens indirekter Ausdruck der Muskelfaserverteilung sein.

Die Sportler im kurzen Zeitprogramm weisen alle höhere Nervenleitgeschwindigkeiten und kürzere Laufzeiten der Eigenreflexe auf. Da es aber auch Sportler mit solchen Werten gibt, die sich im langen Zeitprogramm befinden, kann davon ausgegangen werden, dass die kurzen Zeitprogramme bei diesen Sportlern im Training entwickelt werden können.

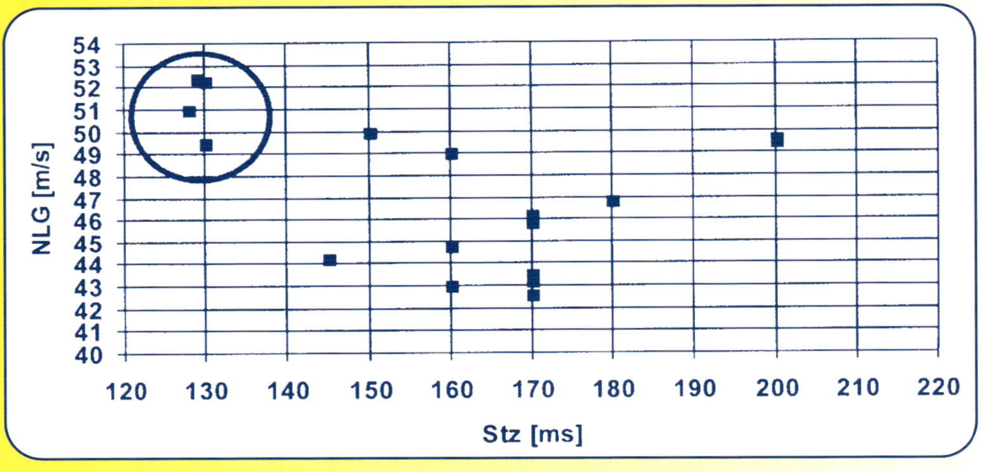

Abb. 7: **Nervenleitgeschwindigkeit (NLG) und Stützzeit (Stz) – die Sportler im kurzen Zeitprogramm (Kreis) weisen alle Nervenleitgeschwindigkeiten über 49 m/s beim N. tibialis auf (Voß, 1989).**

3.2.2 Zeitprogramme sind elementare, generalisierbare Leistungsvoraussetzungen

Das neuromuskuläre System übt eine Steuerfunktion auf unbewusst ablaufende motorische Prozesse und damit über einen Großteil der im Sport erbrachten Leistungen aus. Die Zeitprogramme spiegeln diese Leistungen des neuromuskulären Systems wider. Sie haben so eine **grundlegende** Bedeutung für die sportlichen Leistungen, wichtige Leistungsvoraussetzungen bzw. Zubringerleistungen. Sie sind elementare Leistungsvoraussetzungen.

Zeitprogramme sind generalisierbar, weil Zeitprogramme in ihrer Grundform auf vielfältige Bewegungsformen im selben neuromuskulären System **übertragbar** sind und dort genutzt werden können. Ein Grundprogramm kann somit verschiedene Bewegungen und sogar Bewegungsklassen steuern. D. h., sie können:

- in vielfältigen Bewegungsformen genutzt werden,
- in verschiedenen sportlichen Leistungen als Leistungsvoraussetzung wirken,
- von einer Bewegung auf eine andere übertragbar sein und
- in einer Bewegung entwickelt oder trainiert werden, um sie dann in einer anderen zu nutzen.

Diese Übertragung ist jedoch an weitere Bedingungen geknüpft. Das Zeitprogramm wirkt mithin nicht automatisch in allen möglichen Bewegungen, sondern es kann dann genutzt werden, wenn die Struktur der Bewegungen auf die gleichen Bausteine zugreift. Dies kann durch trainingsmethodische Maßnahmen unterstützt werden (Bauersfeld & Voß, 1992).

3.2.3 Die Zeitprogrammgrenzen äußern sich bewegungsspezifisch

Gleiche Zeitprogramme haben zwar bei unterschiedlichen Bewegungen die gleiche neuromuskuläre Grundstruktur, ihr äußeres Erscheinungsbild kann sich trotzdem voneinander unterscheiden.

Diese Unterschiede spiegeln sich in räumlichen Parametern, aber auch zeitlichen Abläufen wider. So unterscheiden sich z. B. die Grenzen zwischen kurzem und langem Zeitprogramm von Bewegung zu Bewegung.

Die Zeitprogrammgrenzen hängen dabei vor allem von räumlichen und zeitlichen Parametern wie der horizontalen Bewegungsgeschwindigkeit und den Bewegungsamplituden in den Gelenken ab. Beide Größen stehen in direktem Zusammenhang zum in der Bewegungsspezifik bestehenden Zeitdruck. Es können nur die Brems- und Beschleunigungswege genutzt werden, die auf Grund des Zeitdrucks realisierbar sind. Entsprechend gibt es räumlich-technische Lösungsvarianten.

Tab. 3: Zeitprogrammgrenzen verschiedener Bewegungen

Übung	Zeitprogrammgrenze
Drop Jump (Variante Leichtathletik)	ca. 140 ms
Drop Jump über Kniebeugung (Ski alpin) mit Skisprungstiefeln	ca. 170 ms
Weitsprung	ca. 120 ms
Sprint	ca. 80 ms
Sprunglauf	ca. 140 ms
Hopserlauf	ca. 160 ms

3.2.4 Zeitprogramme ermüden in aufeinanderfolgenden Einzelbelastungen nur schwer

Bei 300 hintereinander ausgeführten Drop Jumps blieb das azyklische Zeitprogramm sowohl bei den Sportlern im kurzen als auch im langen Zeitprogramm erhalten. Selbst die Stützzeiten veränderten sich kaum. Die Zeit, um wieder auf den Hocker aufzusteigen, war dabei die gesamte Pause zwischen den Versuchen (Bauersfeld & Voß, 1992). Das neuromuskuläre System zeigte während der Belastung keine äußeren Ermüdungserscheinungen. Bei anderen Funktionssystemen, so z. B. dem energetischen, waren dagegen Ermüdungserscheinungen nachweisbar (Bauersfeld & Voß, 1992). Dieses Ergebnis ist ein Zeichen dafür, dass die Zeitprogramme tatsächlich über eine Programmsteuerung ablaufen, die nun einmal stabil ist.

Prinzipiell gleiche Ergebnisse gibt es auch bei den anderen Schnelligkeitsformen.

Bei einer 60 s dauernden Arbeit am Seilzuggerät fällt die Leistung deutlich ab, der Kraftanstieg bleibt jedoch nahezu unverändert. Beim Tapping stehend (hier mit Entlastung) ist eine deutliche energetische Ermüdung über die Laktatauslenkung nachweisbar. Spitzenfrequenzen werden aber noch in der 30. Serie erreicht.

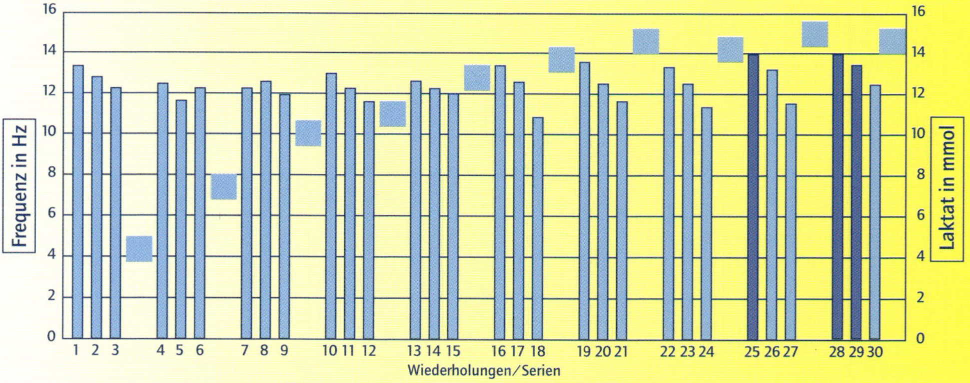

Abb. 8: **Untersuchung zur Stabilität der Tappingfrequenz stehend mit Entlastung 10 x 3 x 5 s, 1 min Serienpause mit Laktatmessung**

Auch die Reaktionszeiten lassen bei einem Test über 100 akustische Einfachreaktionen in ununterbrochener Reihenfolge keine Ermüdung erkennen.

3.2.5 Zeitprogramme bestimmen die Gestaltung räumlicher Technikparameter mit

Wie bereits dargestellt wurde, ist die Ausführung kurzer Zeitprogramme mit der Realisierung ganz bestimmter räumlicher Bewegungsparameter verbunden.

Allgemein gilt:

- Kurze Brems- und Beschleunigungswege zurücklegen.
- Die Beschleunigung der Schwungelemente frühzeitig einleiten und beenden.
- Gute Gesamtkörperspannung zur effektiven Impulsübertragung.

Es hat sich in verschiedenen trainingsmethodischen Experimenten gezeigt, dass durch eine gezielte Beeinflussung räumlicher Parameter **allein** Sportler **nicht** vom langen zum kurzen Programm geführt werden konnten (Bauersfeld & Voß, 1992).

Daher rührt auch die Beobachtung, dass die zeitliche Struktur von Bewegungen über Jahre hinweg äußerst stabil ist (Bothmischel & Halbing, 1982). Es muss davon ausgegangen werden, dass unter dem Schnelligkeitsaspekt die zeitlichen Bewegungsparameter gegenüber den räumlichen den Primat haben. Neuromuskuläre Programme laufen nach dem Start in einer festen Zeitfolge ab. Es sind nicht die räumlichen Parameter, die die Ausführung kurzer Zeitprogramme bestimmen, sondern erst die Ausführung des kurzen Zeitprogramms bildet die Grundlage für die Veränderung räumlicher Bewegungsparameter. Diese Aussage steht in Übereinstimmung mit der zentralen Steuerfunktion der Zeitprogramme für den komplexen Bewegungsablauf.

Bei leistungsstarken Sprintern unterscheiden sich die Topsprinter von den weniger hoch qualifizierten Läufern im Sprintschritt dadurch, dass sie bei gleich langen Flugzeiten kürzere Stützzeiten realisieren. Dadurch erreichen sie höhere Schrittfrequenzen.

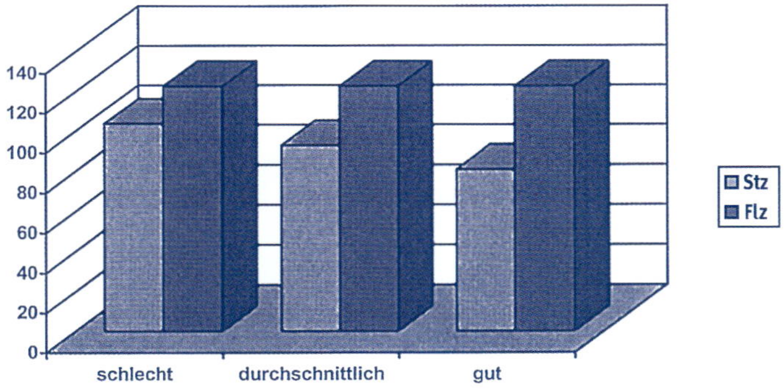

Abb. 9: **Stütz- (Stz) und Flugzeit (Flz) bei leistungsstarken US-Sprintern, differenziert in ein schlechteres, ein durchschnittliches und ein gutes Niveau (Mann, 1999)**

Das kurze, azyklisch-reaktive Zeitprogramm, das sich in der kurzen Stützzeit zeigt, ist eine entscheidende **Voraussetzung** zur Realisierung der modernen Sprinttechnik mit Fußaufsatz dicht unter dem KSP, mit kurzem Stützweg, mit unvollständiger Kniestreckung beim Lösen des Abdruckbeins, mit hoher Schrittfrequenz **und** großer Schrittlänge (Mann, 1999).

Die Ursachen für Technikfehler bzw. das Nichtrealisieren wesentlicher Kriterien moderner Techniken sind deshalb nicht selten bereits in den elementaren Schnelligkeitsvoraussetzungen begründet, in den Zeitprogrammen.

Entsprechend kann über räumliche Faktoren keine Veränderung vom langen zum kurzen Zeitprogramm erreicht werden. Hinweise zu räumlichen Bewegungsmerkmalen lassen sich durch den Sportler jedoch oft besser erfassen und können als zusätzliche Bewegungshinweise die Realisierung des Ziel-Zeit-Programms unterstützen.

adidas

4 Training

Im Schnelligkeitstraining werden alle Maßnahmen zusammengefasst, die den Sportler in die Lage versetzen, Bewegungen unter Zeitzwang erfolgreich auszuführen. Zur Entwicklung dieser Leistungsvoraussetzung dient vor allem das elementare Schnelligkeitstraining. Es wird jedoch nur dann zu Erfolgen führen, wenn die Auswirkungen auf alle anderen Trainingsbereiche, vom Krafttraining bis zum speziellen Training, beachtet werden. Die engsten Beziehungen bestehen dabei zum Techniktraining und zum Krafttraining. Diese beiden Trainingsinhalte müssen deshalb gleichzeitig unter dem Aspekt des Schnelligkeitstrainings umgestaltet werden.

4.1 Aufgaben des Schnelligkeitstrainings

A Elementares Schnelligkeitstraining

Entwicklung der elementaren Schnelligkeit bei grundlegenden (Basis-)Bewegungen

Die Veränderung der Ansteuerungsprogramme hin zum kurzen Zeitprogramm ist der zentrale Gegenstand des Schnelligkeitstrainings. Da es sich dabei um elementare und generalisierbare Programme handelt, die für mehrere Bewegungsformen nutzbar sind, können diese Programme in allgemeinen und übergreifend wirksamen Trainingsübungen ausgebildet werden, die für Folgebewegungen bzw. die speziellen Techniken Basischarakter besitzen.

Im Mittelpunkt stehen dabei **Veränderungen der Ausführungsbedingungen, die die Realisierung der Zielprogramme unter diesen Bedingungen** sichern können. Führen diese Interventionsformen zum Zielprogramm, dann können die Programme nach hinreichend häufiger Realisierung (Belastungsumfang) auch unter Normalbedingungen ausgeführt werden.

Tapping

B Ansteuerungsadäquates Techniktraining

Einbinden kurzer Zeitprogramme in spezielle Techniken von Wettkampf- und Trainingsübungen, um die elementare Schnelligkeit auch in komplexen Bewegungen nutzen zu können

Sprint mit Speedy

Das Ziel dieses Bereichs des Schnelligkeitstrainings besteht darin, die entwickelten oder vorhandenen kurzen Zeitprogramme auch in komplexeren Bewegungen bis hin zur Wettkampfübung einzusetzen. Nur wenn die elementaren Programme auch in den komplexen Bewegungen genutzt werden, kann die höhere Wirksamkeit dieser Programme für die Wettkampfleistung und das spezielle Krafttraining die gewünschten Effekte liefern. Ziel ist, dass **die elementaren Programme in komplexe Steuerprogramme eingebunden werden.**

C Ansteuerungsadäquates Krafttraining

Entwicklung energetischer Leistungsvoraussetzungen mit dem Ziel, diese spezifisch unter den Bedingungen kurzer Zeitprogramme auszuprägen

Die Realisierung kurzer Zeitprogramme erfordert einen hohen Energieumsatz in kürzesten Zeitabschnitten. Da die Trainingsübungen zur Schaffung energetischer Leistungsvoraussetzungen in der Regel geringere Geschwindigkeitsanforderungen als die Zielübung haben, gelingt dies ohne besondere Maßnahmen oftmals nicht. Es kommt dazu, dass entwickelte Leistungsvoraussetzungen nicht für die Wettkampfleistung genutzt werden können, weil sie nicht anforderungsgerecht ausgebildet wurden.

Hanteltraining mit EMS

Die zum kurzen Zeitprogramm adäquate Ausbildung der Leistungsvoraussetzungen ist Gegenstand dieses Trainingsbereichs.

4.2 Elementares Schnelligkeitstraining

Das elementare Schnelligkeitstraining hat zum Ziel, kurze Zeitprogramme an einer einfachen und übergreifend wirksamen Bewegungsform auszubilden.

Es handelt sich um ein Programmierungstraining. Dieses läuft nicht nach dem Reiz-Anpassungs-Gesetz im klassischen Sinn ab, bei dem der Trainingseffekt auf einer Ermüdung der belasteten Organsysteme und einer anschließenden Wiederherstellung mit Leistungszuwachs, der **Superkompensation**, beruht. Programmtraining ist vielmehr als Training auf der Informationsebene zu verstehen. Es müssen Informationen an das Nervensystem gegeben werden, die zur Umprogrammierung führen.

Die Entwicklung der elementaren Schnelligkeit im Training erfordert die Realisierung der kurzen Zeitprogramme durch entsprechende Interventionsmaßnahmen. Dabei ist zu beachten, dass kurze Zeitprogramme Laufzeiten deutlich unter 200 ms haben. Diese sind durch das Bewusstsein nicht steuerbar, laufen also über unbewusste Steuermechanismen ab (Heuer, 1978).

Hieraus ergibt sich, dass zur trainingsmethodischen Beeinflussung solcher Zeitprogramme Mittel einzusetzen sind, mit denen auf die unbewusst ablaufenden Prozesse eingewirkt werden kann. Solche Mittel müssen deutlich von den Normalbedingungen abweichende äußere Anforderungen stellen, mit denen die alte und damit stabile Steuerungsstruktur aufgebrochen werden kann. Gleichzeitig muss das neue Programm vermittelt werden. Es geht also um **Interventionsformen, mit deren Hilfe die Ausführung des Zielprogramms möglich wird.**

Nachdem unter Interventionsbedingungen eine Programmänderung hinreichend oft praktiziert wurde, gelingt die Übertragung des Programms auf Normalbedingungen. Dabei gelten wiederum zwei Bedingungen.

1. Wenn im Training mehr als die Hälfte der Wiederholungen (50 %-Regel) der Zielgröße entspricht, gelingt es bereits nach Absolvierung eines verhältnismäßig geringen Belastungsumfangs, das Zielprogramm auch unter Normalbedingungen auszuführen (Stark, 1986). Wichtiger als der Gesamtumfang ist somit der ausreichend hohe Anteil der Zielrealisierungen. Auf die notwendigen Umfangshöhen wird weiter unten näher eingegangen.

2. Veränderte Steuerprogramme führen zu neuen energetischen Anforderungen an die anderen Funktionssysteme.

Wenn auf Grund veränderter Bewegungsparameter überhöhte energetische Anforderungen entstehen, werden sofort Hemmungen wirksam, um den Sportler vor Verletzungen zu schützen. Dies kann den Prozess der Übertragung neuer Programme auf Normalbedingungen verhindern.

Es müssen Trainingsübungen angewendet werden, die in ihrer energetischen Anforderung im kurzen Zeitprogramm bewältigt werden können. Beim Drop Jump sind z. B. die Fallhöhen entsprechend niedrig zu wählen.

4.2.1 Interventionsformen im elementaren Schnelligkeitstraining

Für die Veränderung der Steuerprogramme stehen nach dem aktuellen Erkenntnisstand folgende Interventionsmöglichkeiten zur Verfügung:

- Erleichterung – Verringerung des Bewegungswiderstandes als Alternative zu einem deutlich erhöhten energetischen Niveau des Sportlers.
- Erschwerung – Vergrößerung des Bewegungswiderstandes zur schnelleren Rekrutierung und Synchronisierung der Arbeit der motorischen Einheiten.
- Elektromyostimulation – die direkte Beeinflussung der Ansteuerung.
- Zeitliche und räumliche Zwänge – zur Einschränkung der verfügbaren Aktionszeiten, auch über kleinere Bewegungsamplituden.
- Entwicklung von Bewegungsempfindungen und Propriozeption.
- Beeinflussung der Bewegungsvorstellung durch ideomotorische Effekte und den Einsatz von Metaphern.

4.2.1.1 Erleichterung – Verringerung des Bewegungswiderstandes

Mit dieser Intervention wird versucht, den Sportler hinsichtlich der energetischen Anforderungen zu entlasten, indem eine die Bewegung unterstützende Kraft ausgeübt wird.

Im Verlaufe der sportlichen Entwicklung prägt der Sportler eine Balance zwischen den energetischen Voraussetzungen und deren Abrufbarkeit durch Steuerprogramme aus. Sollen diese Programme nun verändert werden, kann dies auch durch eine Veränderung der energetischen Anforderungen bewirkt oder zumindest unterstützt werden. Richtig eingesetzt, können die Steuerprogramme auf diese Weise zielgerichtet hin zum kurzen Zeitprogramm verändert werden.

Der Wechsel zum kurzen Zeitprogramm verlangt ein energetisches „Überpotenzial" – ein höheres energetisches Niveau, als zur späteren Programmrealisierung notwendig ist. Mithilfe der Verringerung des Bewegungswiderstandes kann ein solches energetisches Überpotenzial simuliert werden. Im Nachwuchstraining hat dies eine besondere Bedeutung, weil das für den Programmwechsel notwendige energetische Überpotenzial hier schon aus biologischer Sicht oftmals nicht realisierbar ist.

Kinder haben geringere Kraftvoraussetzungen, auch wenn man den relativen Bezug auf die Körpermasse herstellt.

Tab. 4: Das Verhältnis von Maximalkraft und Körpergewicht bei Erwachsenen und Kindern

	Maximalkraft	Körpermasse	Quotient
Erwachsene	1.500 N	75 kg	20,0 N/kg
Kinder	300 N	45 kg	6,7 N/kg

Eine Entlastung kann beispielsweise vorgenommen werden durch:

- Entlastung des Gesamtsystems über Gewichtsentlastung oder Verringerung des Bewegungswiderstandes.
- Erhöhung der horizontalen Bewegungsgeschwindigkeit, bei nichtreaktiven Bewegungen (Zugunterstützung beim Schwimmen, Arbeit in Mannschaftsbooten mit einer größeren Anzahl von Sportlern, ...).
- Verringerung von Antriebsflächen oder Gewichten von Sportgeräten (kleinere Blattflächen, leichtere Wurfgeräte, kleinere Übersetzungen im Radsport).

Mit diesen Maßnahmen wird eine Möglichkeit zur Realisierung kurzer Aktionszeiten und kurzer Zeitprogramme geschaffen. Dies geschieht jedoch nicht als Automatismus. Es ist eine permanente Kontrolle der Bewegungsausführung notwendig. Entlastung stellt immer auch eine Gefahr in der Form dar, dass erleichterte Bedingungen zu einem Optimierungsprozess in eine nicht gewollte Richtung führen. Dies passiert, wenn sich der Sportler z. B. beim Üben in der Sprungspinne in die Gummiseile fallen lässt, um die elastischen Eigenschaften besonders intensiv, aber passiv zu nutzen. Er ist somit selbst nicht mehr aktiv und in Bezug zu dem kurzen Zeitprogramm eher kontraproduktiv. Daher erfordern diese Übungen einen hohen Bewusstheitsgrad und die ständige Überprüfung der angestrebten Trainingseffekte.

Sprungspinne

4.2.1.2 Erschwerung – Vergrößerung des Bewegungswiderstandes

Meist werden Zusatzwiderstände eher mit dem Kraft- als mit dem Schnelligkeitstraining in Verbindung gebracht, weil die Erhöhung des Bewegungswiderstandes zwangsläufig zu einer Verringerung der Bewegungsgeschwindigkeit führt. Damit unterscheidet sich das Krafttraining in seinem Wirkprinzip auf den ersten Blick grundlegend vom Schnelligkeitstraining. Sowohl das Schnelligkeitstraining als auch das Krafttraining zielen aber auf die Entwicklung des neuromuskulären Systems.

Das Training mit vergrößerten Bewegungswiderständen zielt unter dem Schnelligkeitsaspekt vorrangig auf die Veränderung der Ansteuerungsmechanismen der motorischen Einheiten. Es wird eine höhere Rekrutierungsrate, insbesondere der schnell kontrahierenden Muskelfasern, angestrebt.

Bei Bewegungen unter Zeitzwang ist genau das erforderlich. Das Innervationsprogramm muss sofort mit Bewegungsbeginn die schnellen motorischen Einheiten synchron aktivieren.

Ein Krafttraining mit Lasten im maximalen Bereich führt zu einer Verbesserung der Rekrutierungsrate schneller Muskelfasern. Ähnliche Effekte hat auch das Training mit schnell entwickelten hohen Muskelzugspannungen, die u. a. durch leichte Zusatzlasten zu Stande kommen können.

Es gibt verschiedene Möglichkeiten zur Arbeit mit vergrößerten Widerständen im Schnelligkeitstraining:

- Erhöhung des Gewichts des Gesamtsystems bzw. Erhöhung des Bewegungswiderstands (Zugwiderstand beim Laufen oder Schwimmen, Bergläufe, Schleppwiderstände für Boote).
- Impulsbetontes Training – betont schnellkräftige Bewegungsausführung bei niedrigen Bewegungsfrequenzen in zyklischen Sportarten.
- Vergrößerung von Antriebsflächen oder Gewichten von Sportgeräten – Flossen, Handbretter, Blattflächen, schwerere Wurfgeräte.
- Vergrößerung der Bewegungsamplitude, wenn damit in starken Beugewinkeln große Muskelkraftmomente aufgebracht werden können, die sonst nur über höhere Lasten erreichbar sind, z. B. beim Hüpfen in der tiefen Hocke.

Hüpfen in tiefer Hocke

4.2.1.3 Elektromyostimulation (EMS) – die direkte Beeinflussung der Ansteuerung

Eine Möglichkeit, motorische Steuerprogramme direkt zu beeinflussen, besteht in der Elektromyostimulation (EMS). Dabei erfolgt in der speziellen Bewegung eine kurze elektrische Reizung des Muskels. Es wird aber nicht nur der Muskel selbst gereizt, sondern über Reflexmechanismen kann auch das Steuerprogramm beeinflusst werden.

Um die Entwicklung einer dem kurzen Zeitprogramm entsprechenden Muskelansteuerung zu erreichen, muss die Stimulation den gewünschten Verlauf der Muskelaktivität vorgeben, insbesondere den rechtzeitigen und konzentrierten Beginn der Muskelarbeit und den steilen Anstieg der Aktivität.

Die Wirkungsweise der Elektrostimulation auf die spinalen Ansteuerungsprogramme kann folgendermaßen erklärt werden:

Über die afferenten Nervenbahnen wird der Reiz bis in den Motoneuronenpool geleitet. Durch den relativ starken Reiz wird im Motoneuronenpool eine große Anzahl motorischer Vorderhornzellen und damit motorischer Einheiten synchron aktiviert. Mittels der Elektrostimulation wird auf diesem Weg die synchrone Rekrutierung einer großen Anzahl schneller motorischer Einheiten trainiert.

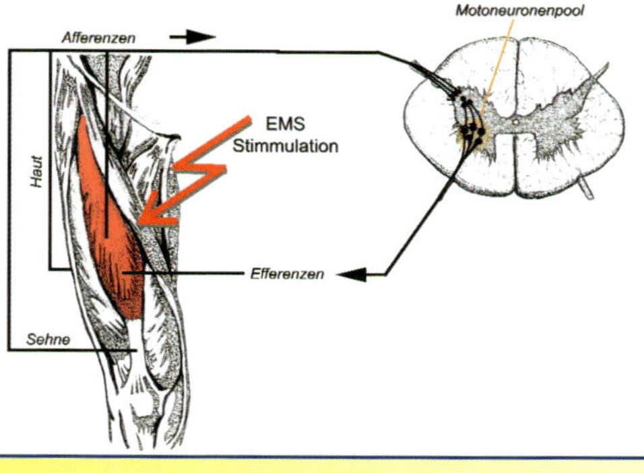

Abb. 10: **Neuromuskulärer Wirkungsmechanismus der EMS auf die Bewegungssteuerung**

Am Beispiel des Drop Jumps kann dies erklärt werden:

Um die Muskelansteuerung bei einem Sportler vom Muster des langen zu dem des kurzen Zeitprogramms zu verändern, muss der Anstieg der elektrischen Muskelaktivität schon vor dem Bodenkontakt steil und ohne Unterbrechungen erfolgen und bereits in der ersten Hälfte der Stützphase soll die Gipfelaktivität realisiert werden.

EMS-Sprünge

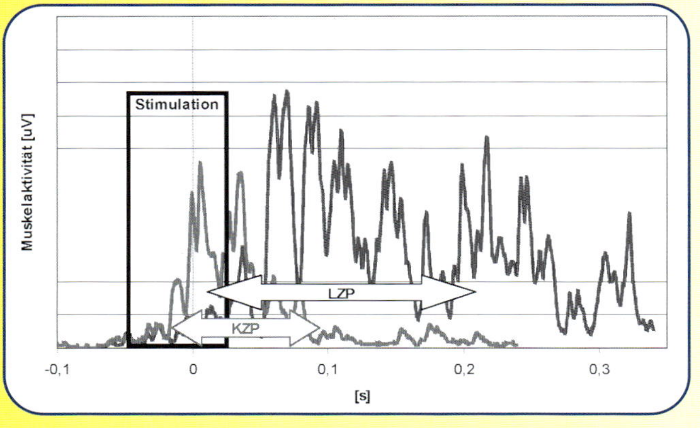

Abb. 11: Drop Jump mit EMS sowie schematischer Verlauf der Muskelaktivität (EMG) im kurzen und im langen Zeitprogramm beim Drop Jump mit dem zugeordnete EMS-Impuls zum Programmwechsel

Um dies zu erreichen, wird an die Stelle, an der die notwendige Voraktivität beginnen soll, ein Stimulationsimpuls gesetzt. Im Falle des Drop Jumps wird die Stimulation in dem Moment ausgelöst, in dem mit den Füßen eine Lichtschranke knapp über dem Boden durchquert wird.

4.2.1.4 Zeitliche und räumliche Zwänge

Eine andere Möglichkeit, um die Ausführung kurzer Zeitprogramme zu provozieren, ist der Einsatz von Zwängen. Die Zwänge werden dabei in der Form eingesetzt, dass die äußeren Bedingungen eine effektive Bewegungsausführung nur im kurzen Zeitprogramm zulassen. Solche Zwangsbedingungen können vor allem geschaffen werden durch:

- Zeitliche Einschränkungen – die durch hohe äußere Geschwindigkeitsanforderungen erreicht werden und besonderen Zeitdruck erzeugen. Hierzu gehören vor allem Ergometer, z. B. Laufband, Schwimmkanal, Motor-Fahrradergometer, Zugunterstützungsgeräte, ...
- Räumliche Einengungen – die auf Grund der geringen Bewegungsspielräume ebenfalls zu einem Zeitdruck führen und hohe Bewegungsfrequenzen bzw. kurze Arbeitsphasen erfordern.

Die Zwänge können z. B. im Sprint auf einem überschnellen Laufband (supramaximale Geschwindigkeit) so geartet sein, dass sie bei Nichtbewältigung der Aufgabenstellung zum Abbruch der Übung führen. Es gibt aber auch Formen von Zwängen, wie z. B. Sprints über eng stehende, flache Hindernisse, zur räumlichen Beschränkung der Schrittlängen. Im Fall der Nichtbewältigung wird auf niedrige Geschwindigkeiten ausgewichen oder die Hindernisse werden gerissen bzw. ausgelassen.

Auch vergrößerte äußere Kraftanforderungen wirken als Zwang zur Veränderung der Bewegungsstruktur. Die höhere Kraftbelastung führt dazu, dass die Bewegung auf Grund der höheren Kraftmomente in den Muskeln nur noch mit kleineren Bewegungsamplituden effektiv und schnell ausgeführt werden kann.

Das ist in Abbildung 12 dargestellt. Das Kraftmoment, also die konkrete Kraftanforderung an den Muskel, ergibt sich als Produkt aus Gewicht und Lastarm $M = G \times r$. Bei einem tieferen Einbeugen vergrößert sich der Lastarm (r') und das Kraftmoment steigt. Das Gleiche tritt auf, wenn das Körpergewicht durch eine Zusatzlast vergrößert wird.

Bei einer maximal schnellen Absprungbewegung erreicht das Kraftmoment den Bereich des durch den Muskel maximal realisierbaren Werts. Wird nun außerdem das Gewicht vergrößert, kann eine zu große Anforderung an den Muskel nur durch eine geringere Beugetiefe verhindert werden. Insofern wird durch die Zusatzlast ein Reiz zum weniger tiefen Einbeugen gegeben. Damit werden kürzere Brems- und Beschleunigungswege genutzt und die Stützzeit kann sich verkürzen.

Damit stellt die Zusatzlast einen Reiz bzw. Zwang zur Verkleinerung der räumlichen Bewegungsamplitude und zur Verkürzung der Aktionszeit dar.

Abb. 12: Veränderung des Lastarms bei Kniebeugen

Durch Zwänge allein können bei fehlenden energetischen Voraussetzungen jedoch keine kurzen Zeitprogramme erreicht werden. Durch Zwangsmethoden werden die Reize aber sehr gut auf die Verkürzung der Aktionszeiten gerichtet. Sie eignen sich deshalb besonders gut, um sie mit anderen Interventionsmethoden zu kombinieren.

4.2.1.5 Entwicklung von Bewegungsempfindungen und Propriozeption

Die Bindung von Schnelligkeitsleistungen an Aktionszeiten unter 200 ms entzieht sich im Bewegungsvollzug der bewussten Kontrolle. Trotzdem bleibt nach der Bewegungsausführung eine Bewegungserinnerung auf Grund sensorischer Informationen. Aus ihr und weiteren Bewegungserfahrungen entsteht somit auch für diese kurzzeitigen Aktionen ein inneres Abbild von der Bewegung.

Die sensorischen Informationen werden vorrangig über propriozeptive Rezeptoren in den Muskeln, Sehnen und Gelenken gewonnen.

Durch eine Verbesserung der Sensibilität der Propriozeptoren werden feinere Bewegungsempfindungen erarbeitet. Die Sensorik wird z. B. besonders durch Bewegungsausführungen im Zielprogramm unter Interventionsbedingungen angesprochen. Jede veränderte Bewegungsausführung führt zu neuen Bewegungsempfindungen und Bewegungserfahrungen. Der Vergleich mit vorhandenen Bewegungserfahrungen gestattet so die gezielte Veränderung von Voreinstellungen für die Bewegung. Die bewusste oder unbewusste Veränderung von Bewegungsvoreinstellungen hilft auf diese Weise, spinale Bewegungsprogramme zu verändern.

Zur gezielten Beeinflussung eignen sich Übungen mit besonderen Anforderungen an die Propriozeptoren. Dies sind in der Regel Kopplungen von verschiedenen koordinativen Anforderungen – z. B. Gleichgewicht im Stand auf einem Therapiekreisel oder Rollbrett mit geschlossenen Augen, mit einbeinigen Kniebeugen oder anderen Zusatzaufgaben wie Genauigkeit im Zuspiel und beim Fangen eines Balls.

Unter dem Aspekt der Propriozeption können erhöhte Widerstände im Schnelligkeitstraining zur Erhöhung der Sensibilität des neuromuskulären Systems genutzt werden. Es wird eine schnellkräftige Bewegung ausgeführt. Im Anschluss daran erfolgt der Einsatz der hohen und maximalen Widerstände. Wird die schnellkräftige Bewegung danach wiederholt, ist das Ergebnis deutlich verbessert. Die Ansteuerung der Bewegung wird dahingehend verändert, dass eine schnellere Rekrutierung der motorischen Einheiten erreicht wird. Diesen Effekt kann man zur neuromuskulären Erwärmung benutzen, ggf. auch zum anschließenden elementaren Schnelligkeitstraining, für das nunmehr günstigere Bedingungen herrschen. Diese Effekte bleiben nur für etwa 20 min erhalten und bilden sich dann zurück. Es können sowohl dynamische als auch statische Widerstände eingesetzt werden (Güllich, 1996; Eggenberger & Neukorn, 1999).

Auch durch den Einsatz der Elektromyostimulation kann die Muskelaktivität durch einen äußeren Reiz beeinflusst werden. Die elektrische Stimulation der afferenten Nervenfasern löst über die motorische Vorderhornzelle eine Aktivität der motorischen Einheit aus. Diese Maßnahme ist vor allem deshalb so interessant, weil auf diesem Wege die willkürlich schwer erreichbaren, schnellen motorischen Einheiten gut angesprochen werden können. Es erfolgt eine Bahnung für spätere Willküraktivitäten, die die Rekrutierung der schnellen Muskelfasern verbessert (Witt, Voß, Woldag & Heß, 2003).

Eine andere Methode, die neuromuskuläre Erregbarkeit zu verbessern, ist die biomechanische Stimulation über Vibrationen nach Nazarov (1996).

Die biomechanische Vibration simuliert für das neuromuskuläre System kurze Dehnungsreize. Der Effekt besteht in einer verbesserten Erregbarkeit des neuromuskulären Systems. Darüber hinaus werden die elastischen Strukturen des Muskels gezielt stimuliert. Damit kann die Stiffness des Muskels beeinflusst werden.

Auch Kontrastmethoden eignen sich gut für die Entwicklung des Bewegungsempfindens. Die Kontrastmethoden sind aus dem Techniklernen gut bekannt. Für das Erlernen und Umlernen von komplexen Bewegungstechniken muss das Bewegungsgefühl so weit sensibilisiert werden, dass der Sportler bereits geringe Abweichungen selbst erkennt, also „erfühlt". Hierzu werden Kontrastmethoden erfolgreich eingesetzt (Schöllhorn, 2003).

Eine wichtige Regel des elementaren Schnelligkeitstrainings ist, das angestrebte Programm im Training möglichst immer auszuführen. Dies scheint ein Widerspruch zu den Kontrastmethoden zu sein, wird es unter Kontrastbedingungen doch immer wieder zum Verlassen des Zielprogramms kommen.

Die verschiedenen Interventionsmethoden im Schnelligkeitstraining zeigen jedoch, dass auch gegensätzliche Interventionen, wie z. B. Entlastungen einerseits und Erschwerungen andererseits, zum Erfolg führen können.

Der bewusste Wechsel zwischen erhöhten Bewegungswiderständen, erleichterten und Normalbedingungen kann als Kontrastmethode aber vor allem eingesetzt werden

- zur Verbesserung der Sensibilität des neuromuskulären Systems,
- zur Entwicklung feinerer Bewegungsempfindungen sowie
- zur Verbesserung der Übertragung der Zeitprogramme auf komplexere Bewegungen.

Einige mögliche Kontraste im Schnelligkeitstraining sind:

- Kontraste der Trainingsbedingungen:
  - Entlastung – Normalbedingung – Zusatzlast bzw. nur Entlastung – Zusatzlast.
  - Bei Sprüngen: harter, federnder Bodenbelag – harter, nicht federnder Bodenbelag.
  - Bei Sprüngen: weicher Bodenbelag – harter Bodenbelag.
  - Bei Sprüngen: Sprünge mit EMS – Sprünge ohne EMS.
  - Bei Würfen: leichte Wurfgeräte – schwere Wurfgeräte.
- Schnelligkeitsübungen im ausgeruhten Zustand – Schnelligkeitsübungen nach ermüdenden Vorbelastungen.
- Schnelligkeitsübungen mit der Orientierung auf eine maximal schnelle Bewegungsausführung – Übungen mit der Orientierung auf ein maximales Leistungsresultat.

Die Kontrastmethoden werden vor allem eingesetzt, um vielfältige Bewegungserfahrungen in der Nähe des Zielprogramms zu sammeln und damit verbesserte Steuerungsbedingungen zu schaffen. Sie sind als eigenständige Interventionsform oftmals nicht hinreichend, können in der Kombination mit anderen Methoden jedoch die Entwicklung kurzer Zeitprogramme bzw. deren Abforderung fördern.

4.2.1.6 Beeinflussung der Bewegungsvorstellung durch ideomotorische Effekte und den Einsatz von Metaphern

Die Bewegungsvorstellung vereint die Empfindungen über den Bewegungs- bzw. Programmablauf mit den eigenen Vorstellungen vom Bewegungsleitbild. Die eigene Vorstellung über den Zielablauf einer Bewegung weicht fast immer vom tatsächlichen Leitbild der Bewegung ab.

Entsprechend muss die Entwicklung und Beeinflussung der Bewegungsvorstellung über das Vermitteln von Idealbildern erfolgen. Diese werden dann mit den eigenen Bewegungsempfindungen verglichen und können so weiter beeinflusst werden.

Die vorhandenen und bewusst veränderten Bewegungsvorstellungen können zur Veränderung der Bewegungsausführung genutzt werden. Schon die Vorstellung einer Bewegung kann eine, wenn auch geringfügige, Innervation der Muskulatur hervorrufen – **Carpenter-Effekt**. Dieses Phänomen ist als ideomotorisches Prinzip bekannt. Auch durch diese ideomotorische Bewegungsrealisation können Trainingseffekte ausgelöst werden. Sie werden dabei vorrangig darauf zurückgeführt, dass während der Bewegungsvorstellung die gleichen nervalen und muskulären Prozesse aktiviert werden wie bei einer Bewegungsausführung selbst.

Über den bewussten Einsatz von Metaphern verbindet diese Methode Erfahrungen aus anderen Lebensbereichen mit Aufgaben des Trainings. Solche Assoziationen haben oftmals einen besseren Zugang zu unbewusst ablaufenden Prozessen als lange Erklärungen. Aus diesem Grund werden Metaphern auch bei der Entwicklung kurzer Zeitprogramme eingesetzt.

Es können aber auch neue Erfahrungen vermittelt werden. Dies erfolgt z. B. durch

- bewusstes Beobachten von Weltklasseathleten, die eine außergewöhnliche Aktionsschnelligkeit aufzeigen (z. B. Weitspringer beim Absprung; Tennisspieler beim Aufschlag);
- bewusstes Hören von schnellen Bewegungsrhythmen bei der Ausführung von Zieltechniken (Weltklasseathleten); (z. B. Hürdenläufer beim Hürdenüberwinden bzw. beim rhythmischen Zwischenhürdenlauf; spezielle rhythmische Fußaufsatzfolge beim Speerwurfabwurf) – auch als Audioaufnahme;

- bewusstes Beobachten von Tieren bei schnellen Lauf- und Sprungbewegungen (Originalgeschwindigkeit);
- bewusstes Beobachten von Videosequenzen in erhöhter Geschwindigkeit (+5 bis +30 %), auch der eigenen Bewegung;
- bewusstes Beobachten von hochfrequenten Bewegungen (z. B. Tappingausführungen von Weltklasseathleten im Bereich von 15-17 Hz);
- bewusstes Beobachten hochfrequenter Geräte (Nähmaschine, Presslufthammer, usw.);
- bewusstes Hören hochfrequenter Musik sowie
- bewusstes Aufnehmen von hochfrequenten Lichtreizen (Stroboskop).

Solche und Erfahrungen aus dem täglichen Leben können für ideomotorische Effekte genutzt werden. Sie lassen sich durch bewegungsbeschreibende Metaphern vermitteln:

- Spring ab wie ein Flummiball oder wie eine große, harte Stahlfeder vom Betonfußboden.
- Stell dir vor, der Fußboden ist glühend heiß.
- Sei beim Tapping so schnell wie eine Nähmaschine.
- Landung und Absprung sind eins.
- Springe wie auf dem Mond.
- Sprinte durch ein Feuer.
- Sprinte, als würde dich ein Gummiseil ziehen oder wie im Windschatten eines Autos.
- Peitschenartiges Ausführen der Abwurfbewegung.
- Ausstoßbewegung wie eine Rakete.
- Realisiere deine Bewegung so schnell wie ein Presslufthammer.

Interventionen über die Beeinflussung der Bewegungsvorstellungen finden vor allem in der Kombination und Kopplung mit anderen Interventionsformen eine sinnvolle Trainingsanwendung.

4.2.2 Methodenkopplungen und Entwicklung neuer Trainingsübungen

Die verschiedenen Interventionsformen können, nein, sollen gezielt miteinander gekoppelt werden. Die Methodenkopplung wird vor allem immer dann eingesetzt, wenn eine einzelne Interventionsform allein nicht zum Erfolg führt. An Kopplungsmöglichkeiten gibt es ebenfalls viele Varianten. Hierzu einige Beispiele:

- Kopplung von entlastenden/erschwerten Bedingungen mit zeitlichen Zwängen – z. B. überschnelles Laufband, gekoppelt mit Gewichtsentlastung über die Sprungspinne oder Zusatzbelastung über eine Gewichtsweste.
- Kopplung von entlastenden Bedingungen mit EMS – z. B. Drop Jumps in der Sprungspinne mit EMS.
- Kopplung von erschwerenden Bedingungen mit Metaphern – z. B. Drop Jump mit Zusatzlast und der Metapher „sei wie eine große, starke Stahlfeder".
- Kopplung von entlastenden Bedingungen mit Eigen- oder Fremdinformationen über die Schnelligkeits- bzw. Leistungswerte – z. B. Drop Jump mit Schätzen der eigenen Stützzeit und dann Information zur tatsächlichen Stützzeit.
- Kopplung räumlicher oder zeitlicher Zwänge mit Metaphern – z. B. Sprints mit Zugunterstützung und der Metapher „laufe, als wäre der Boden glühend heiß".

Im Schnelligkeitstraining spielt die Vielseitigkeit der Methoden eine entscheidende Rolle. Nur so können die notwendigen Informationsverarbeitungsprozesse auf allen Ebenen provoziert werden. Der Trainer muss deshalb immer neue Trainingsübungen und Kombinationen einsetzen. Durch Variation und Kombination lässt aus einer Grundübung eine Vielzahl von Bewegungsvarianten entwickeln, die die notwendige Vielseitigkeit im Training sichert. Zusammen mit der Kopplung von Methoden entsteht ein riesiges Reservoir an Belastungsvarianten, die das tägliche Schnelligkeitstraining abwechslungsreich, interessant und damit wirkungsvoll macht.

4.3 Methodische Gestaltung des Schnelligkeitstrainings

Die methodischen Regeln des Schnelligkeitstrainings hängen von vielen Faktoren ab. Neben der Aufgabe, an der gerade gearbeitet wird, spielt vor allem der Qualifikationsgrad der Sportler eine wichtige Rolle für die Gestaltung des Schnelligkeitstrainings.

Training hat nie Rezeptcharakter. Gerade deshalb ist es besonders wichtig, einige Regeln des Schnelligkeitstrainings allgemein gültig darzustellen. Mit diesem Wissen kann in vielen Trainingssituationen eine eigenständige und sichere Entscheidung über das methodische Vorgehen getroffen werden.

Konkrete methodische Empfehlungen werden im Übungsteil gegeben.

4.3.1 Belastungsgestaltung im elementaren Schnelligkeitstraining

Die Belastung lässt sich durch Belastungsfaktoren beschreiben und steuern. In unserem Modell orientieren wir auf vier solche Faktoren:

- die Art der Körperübung,
- die Qualität ihrer Ausführung,
- die Belastungsintensität mit Reizstärke und Reizdichte (Pausengestaltung) und
- den Belastungsumfang.

Alle vier Belastungsfaktoren hängen eng miteinander zusammen und bestimmen in ihrer Einheit die Wirkungsrichtung des Trainingsmittels.

Es lassen sich die Faktoren Art der Körperübung, Qualität der Bewegungsausführung und Belastungsintensität in der Betrachtung und Bewertung nicht voneinander trennen. Belastungsintensität und Belastungsumfang bedingen einander in der Form, dass eine hohe Belastungsintensität im Training immer nur in einem begrenzten Umfang realisierbar ist. Wird die Intensität der Bewegungsausführung verändert, verändert sich damit automatisch auch die Art der Körperübung. Auch ist eine hohe Belastungsintensität immer an eine sehr gute Qualität der Bewegungsausführung gebunden.

Beim Weitsprung lässt sich die Belastungsintensität durch die Anlaufgeschwindigkeit, die Sprungweite und die Dauer der Pausen zwischen den Sprüngen darstellen. Betrachtet man nun einen Weitsprung aus dem Wettkampfanlauf, dann wird die Anlaufgeschwindigkeit maximal sein, die Sprungweite wird ebenfalls im maximalen Bereich liegen und die Pause zwischen den Sprüngen muss lang sein. Ein Sprung mit niedriger Intensität hat eine geringere Anlaufgeschwindigkeit und Sprungweite. Es sind kürzere Pausen möglich. Die Qualität beider Sprünge unterscheidet sich grundlegend voneinander. Wird u. a. beim Wettkampfanlauf das Sprungbein nur wenig gebeugt, die Hebelwirkung des Sprungbeins stark eingesetzt und eine kurze Absprungzeit realisiert, so dominiert beim Weitsprung aus dem kurzen Anlauf die Sprungbeinstreckung aus einer relativ starken Beugung des Sprungbeins mit einer langen Absprungdauer. In beiden Fällen kommt die Sprungweite durch z. T. deutlich unterschiedliche Mechanismen zu Stande. Demnach wird mit beiden Sprungformen eine völlig unterschiedliche Wirkung erreicht.

4.3.2 Art der Körperübung

Im Schnelligkeitstraining müssen Körperübungen zum Einsatz kommen, die die kurzen Zeitprogramme abfordern bzw. aufbauen. Es sind Übungen, die eine synchrone Rekrutierung eines hohen Anteils schneller motorischer Einheiten verlangen, um sie richtig und effektiv ausführen zu können.

Im elementaren Schnelligkeitstraining werden entsprechend Übungen gesucht, die das Erlernen der notwendigen Steuerprogramme ermöglichen. Dieser Trainingsbereich ist nur für Sportler im langen Zeitprogramm angezeigt, um sie nach individueller Möglichkeit zum kurzen Programm zu führen. Mit bereits beherrschten Körperübungen ist das für diese Sportler kaum möglich.

Es müssen zielgerichtete Körperübungen unter Interventionsbedingungen eingesetzt werden, bei denen das kurze Zeitprogramm erreicht wird.

So ist es notwendig, die elementare Schnelligkeit im Training immer wieder auf einem höheren Niveau abzufordern, als sie in der Wettkampfleistung benötigt wird.

Insgesamt ist es im elementaren Schnelligkeitstraining jedoch auch unter Interventionsbedingungen häufig schwierig, Übungen zu finden, die höhere Schnelligkeitsparameter sichern als die Wettkampfübung. Die Wirksamkeit der Interventionsformen muss sich innerhalb von 2-3 Trainingseinsätzen durch Erreichen der zeitlichen Zielparameter unter der Intervention zeigen.

	Elementare Schnelligkeit	A Azyklisch-reaktiv	B Azyklisch-nicht reaktiv	C Zyklische Schnelligkeit	D Reaktionsschnelligkeit
1	Erleichterung	Sprungballspringen	Pendelschwingen beidbeinig	Tapping aus schräger Körperhaltung	Einfachreaktion mit Gummizug
2	Erschwerung	Drop Jump	Wurfübungen am Seilzug	Armkurbelbewegung	Einfachreaktion gegen Widerstand
3	EMS	Drop Jump	Squat Jump	Frequenzvorgaben	Einfachreaktion
4	Zeitliche und räumliche Zwänge	Drop Jump am festen Seil	Rollerfahren	Ballprellen	Duellspiele
5	Sensibilisierung Bewegungsempfinden	Springen auf Federplatten	Absprung von unterschiedlichen Böden	Reifen-Frequenz-Koordination	Steuerung der Reaktionszeit
6	Ideomotorisches Training/Metapher	Flummi	Frosch	Presslufthammer	Ampel

Abb. 13: **Einsatz verschiedenartiger Interventionen für die Entwicklung der jeweiligen Schnelligkeitsformen im elementaren Schnelligkeitstraining**

4.3.3 Belastungssteuerung über die Belastungsfaktoren im Schnelligkeitstraining

Wenn es um Belastungssteigerungen geht, tritt häufig der Belastungsumfang als Faktor für die Belastungserhöhung in den Vordergrund. Diese Denkweise ist insbesondere im Schnelligkeitstraining problematisch und u. U. kontraproduktiv. Belastungssteigerungen können nur über die Betrachtung aller Belastungsfaktoren bewertet werden.

Beim Einsatz neuer Körperübungen im Schnelligkeitstraining kann nicht mit den aus ähnlichen Bewegungen bekannten Belastungsumfängen weitergearbeitet werden. **Im elementaren Schnelligkeitstraining geht es um Umprogrammierung. Die hier an das neuromuskuläre System gestellten Anforderungen sind ganz neuer Art.** Die im Schnelligkeitstraining eingesetzten Interventionsformen stellen sehr hohe Anforderungen an das neuromuskuläre Funktionssystem. Es treten bereits nach Absolvierung relativ geringer Belastungsumfänge deutliche neuromuskuläre Ermüdungserscheinungen auf. Diese stehen nicht im Widerspruch zur Ermüdungsstabilität bereits vorhandener Programme, wohl aber zu den Intensitäts- und Qualitätsanforderungen des Programmtrainings.

Die **Reizstärke** wird im Schnelligkeitstraining in erster Linie am Erreichen des kurzen Zeitprogramms, also der Zielansteuerung, bewertet. Dieser Parameter muss in der **Mehrzahl, also zu mehr als 50 % der Trainingswiederholungen,** gesichert sein. Ansonsten ist das Erreichen der gewünschten Trainingswirkung deutlich eingeschränkt. Anders als im Training energetischer Leistungsvoraussetzungen kommt es im Schnelligkeitstraining nicht zu einer Ermüdung und anschließenden Wiederherstellung auf höherem Niveau. Hier gilt ausschließlich die Realisierung der Körperübungen in der Zielstruktur.

Zur Sicherung der **Qualität** der Übungsausführung und damit der Reizwirksamkeit im Schnelligkeitstraining muss beachtet werden, dass sich die Schnelligkeitsparameter z. T. bewusst manipulieren lassen. Dies erfolgt zu Lasten der energetischen Seite, um die Zeitparameter einseitig zu verbessern. Der Zusammenhang ist folgendermaßen zu erklären: Die Leistung kommt immer durch die Schnelligkeit der Bewegungsausführung und die Kraft zu Stande. Der Schnelligkeitsparameter entspricht der Bewältigung des Zeitdrucks und der Kraftparameter äußert sich im Überwinden eines Bewegungswiderstandes, z. B. dem Beschleunigen einer Masse. Werden die Schnelligkeitsparameter einseitig den Zielanforderungen angepasst, ohne die Kraftparameter zu berücksichtigen, wird die Sicherung der mechanischen Leistung außer Acht gelassen. Die Qualität der Bewegungsausführung ist nicht an der Zielbewegung orientiert. Die gewünschte Schnelligkeitsentwicklung kann nicht gesichert werden.

Demzufolge müssen bei der Qualitätssteuerung neben den Schnelligkeitsparametern auch die Kraft- oder Leistungswerte mit erfasst werden.

Hierzu ist das Beispiel des Drop Jumps in Kapitel 5.1 „Diagnose der Schnelligkeitsformen" exemplarisch dargestellt.

Auf Grund der Besonderheiten bei der Ermüdung der neuromuskulären Mechanismen ist die Gestaltung der **Pausen und Erholungszeiten** von besonderem Interesse. Obwohl die vorhandenen Programme nur schwer ermüden, gibt es die nicht zu vernachlässigende Ermüdung der energetischen Systeme. So kommt es beim Einsatz der Drop Jumps auch zu einer bedeutenden Beanspruchung durch das immer wieder notwendige Aufsteigen auf den Sprunghocker (Frick, 1993). Eine solche Ermüdung kann durch andere Einflüsse ebenfalls ausgelöst werden, insbesondere durch Trainingsabschnitte mit stark laktaziden Belastungen.

Auch eine häufig unterschätzte, so genannte aufgestockte neuromuskuläre Ermüdung ist zu beachten. Diese wird nach etwa 3-4 Trainingswochen sichtbar, wenn keine ausreichenden Erholungsmöglichkeiten gegeben sind. Wird sie nicht beachtet, besteht die Gefahr, dass sich die Ermüdung in einem Maß manifestiert, dass die Wiederherstellung mehrere Wochen dauern kann.

Nur eine strenge Kontrolle der Zeitprogramme und der Gesamtleistung im Schnelligkeitstraining unter Beachtung der empfohlenen Erholungszeiten verhindert ein Abgleiten in diese lang anhaltende Ermüdung.

Für die Pausengestaltung muss verstärkt auch die Nutzung der neuromuskulären Erregung oder Erregbarkeit aus den vorhergegangenen Übungsausführungen mit berücksichtigt werden. Nach einem Sprung oder einer Tappingserie sollte die Pause so kurz gewählt werden, dass die neuromuskuläre Erregung erhalten bleibt. Bei Tappingübungen kann nach ca. 30-60 s die nächste Übung ausgeführt werden. Bei Drop Jumps ist bereits nach 10-20 s der nächste Sprung möglich. Als Serienpausen werden 3-5 min empfohlen.

Zur Vermeidung der Aufstockung der neuromuskulären Ermüdung sollte das elementare Schnelligkeitstraining höchstens 2 x pro Woche ausgeführt werden, oft genügt auch der nur einmalige Einsatz. Der Mindestabstand der Trainingseinheiten mit elementarem Schnelligkeitstraining beträgt drei Tage.

Zum Programmwechsel genügen relativ geringe Umfänge, wenn die 50 %-Bedingung erfüllt ist. Die in Tabelle 5 dargestellten Umfangszahlen verdeutlichen dies am Beispiel des Zeitprogrammtrainings beim Drop Jump, beim Motorergometertraining und beim Tapping stehend. Die hier empfohlenen Umfänge liegen deutlich unter den im energetischen Training üblichen Wiederholungszahlen.

Es ist davon auszugehen, dass sich positive Trainingseffekte in 3-4 Wochen einstellen.

Tab. 5: Umfangsanforderungen an das Zeitprogrammtraining mit dem Drop Jump, beim Motorergometertraining und beim Tapping stehend, abgeleitet aus erfolgreich durchgeführten Erprobungsexperimenten

	Mit Sprungspinne	Mit EMS	Motor-ergometer	Tapping klassisch
Abschnitt	6-8 Wochen	6 Wochen	6-7 Wochen	6 Wochen
TE pro Woche	1-2	1	1	2
Umfang pro TE	1-3 x 5-8 Sprünge	1-2 x 4-6 Sprünge	6 x 4 s	6-10 x 3 s
Gesamtumfang	220-380	24-72	bis 168 s	216-360 s

Die angegebenen Umfangsvorgaben können dabei eine grobe Orientierung geben.

Erst in den nächsten Stufen des Schnelligkeitstrainings – dem ansteuerungsadäquaten Technik- und Krafttraining – tritt das Problem der neuromuskulären Ermüdung etwas in den Hintergrund. Das Training im eigenen Ansteuerungsmuster stellt weniger hohe Anforderungen an das neuromuskuläre System als der Programmwechsel. Deshalb kann in diesen Stufen der Belastungsumfang als Mittel der Belastungssteigerung ebenfalls eingesetzt werden. Der Ermüdungsgrad des neuromuskulären Systems darf aber auch hier, ganz besonders beim Einsatz der Elektrostimulation, nie ganz außer Acht gelassen werden. Es ist besonders zu beachten, dass sich die Ermüdung auch längerfristig aufstocken kann, obwohl in den einzelnen Trainingseinheiten keine zu hohen Belastungsumfänge realisiert wurden.

4.3.4 Ansteuerungsadäquates Technik- und Krafttraining

Für Sportler, die über das kurze Zeitprogramm als elementare Schnelligkeitsvoraussetzung verfügen, ergeben sich wichtige Konsequenzen für die anderen Trainingsbereiche (Voß, 1989).

Die neuromuskuläre Steuerung des kurzen Zeitprogramms hat einerseits unmittelbaren Einfluss auf die sportliche Technik, ist sie doch als Bestandteil komplexer Bewegungsprogramme unmittelbar an der Technikrealisierung beteiligt. Die sportliche Technik ist das räumlich-zeitliche Lösungsverfahren einer Bewegungsaufgabe. Die Technik ist kein ausschließlich koordinatives Problem, sondern sie hängt vom Ausprägungsgrad aller einfließenden Leistungsvoraussetzungen ab. Wenn eine neue Sporttechnik genutzt werden soll, müssen zuerst die bestimmenden Leistungsvoraussetzungen auf das Anforderungsniveau der neuen Technik gebracht werden.

Die elementaren Schnelligkeitsvoraussetzungen spielen in diesem Zusammenhang eine besondere Rolle. Moderne, schnelligkeitsorientierte Technikvarianten erfordern zu ihrer Realisierung vielfach das kurze Zeitprogramm. Dies gilt z. B. für das „amerikanische" Sprintlaufmodell. Nur wenn das kurze Zeitprogramm vorhanden ist, können auch die räumlichen Bewegungsmerkmale der neuen Technik realisiert werden.

Außerdem unterscheidet sich der Charakter der komplexen energetischen Leistungsvoraussetzungen unter den Bedingungen des kurzen Zeitprogramms von denen im langen Zeitprogramm. Vor allem für Sportler, die den Wechsel zum kurzen Zeitprogramm vollzogen haben, entsteht eine völlig neue Qualität von Leistungsvoraussetzungen. Diese neuen, komplexen Leistungsvoraussetzungen muss man unter den Bedingungen des kurzen Zeitprogramms trainieren, unter denen sie in der Wettkampfübung abverlangt werden.

Es besteht eine Wechselwirkung zwischen der Nutzung des kurzen Zeitprogramms in der Sporttechnik und der Ausprägung energetischer Leistungsvoraussetzungen unter den Bedingungen des kurzen Zeitprogramms. An energetischen Leistungsvoraussetzungen sind vor allem die Kraftvoraussetzungen von Interesse. Einerseits müssen diese im kurzen Zeitprogramm vorhanden sein, um die Technik auch im kurzen Zeitprogramm effizient zu realisieren. Andererseits sind wichtige Krafttrainingsübungen technisch im kurzen Zeitprogramm zu beherrschen, um adäquate Kraftvoraussetzungen entwickeln zu können.

Das traditionelle Training sichert für die Sportler im kurzen Zeitprogramm, also die mit den Perspektivvoraussetzungen, zu wenige adäquate Reize. Die überwiegende Kraftausdauerorientierung des Trainings gewährleistet nur zu geringen Anteilen Belastungsintensitäten, die die Ansteuerung des kurzen Zeitprogramms zwingend abverlangen. Nur wenige dieser Sportler haben so stabile kurze Zeitprogramme, dass sie auch bei mittleren Intensitäten zeitprogrammadäquat trainieren können. Unsere Beobachtungen zeigen, dass schnelle Sportler, die in der Nähe des kurzen Zeitprogramms liegen oder schon im kurzen Zeitprogramm sind, auf zeitprogrammadäquate Trainingsmittel deutlich besser und schneller reagieren als die anderen Sportler.

Wird nicht zeitprogrammadäquat trainiert, kommt es zum so genannten Problem eines „geringen Nutzungsgrades der antrainierten physischen Potenzen". Obwohl scheinbar wichtige Leistungsvoraussetzungen deutlich verbessert wurden, entwickelt sich die Wettkampfleistung nicht entsprechend mit. Dies kommt dadurch zu Stande, dass die komplexen Voraussetzungen unter anderen Bedingungen trainiert wurden, als sie in der Wettkampfübung unter Zeitdruck benötigt werden.

Ein typisches Beispiel für ein anforderungsadäquates Training in den Ausdauersportarten ist das so genannte *„impulsbetonte"* Training, wie es im Rudern seit vielen Jahren eingesetzt wird. Unter impulsbetontem Training versteht man die Realisierung wettkampftypischer Zeitstrukturen im Ausdauertraining. Dabei wird die aktive Durchzugphase in derselben Zeit wie unter Wettkampfbedingungen realisiert. Die deutliche Frequenzreduzierung im Ausdauertraining entsteht durch eine sehr lange Gleitphase zwischen den Schlägen. Dieses Prinzip wurde mittlerweile auch auf andere Sportarten, wie z. B. das Schwimmen (Hand-über-Hand-Schwimmen), übertragen und von vielen Weltklasseathleten in beispielhafter Qualität präsentiert. Sie realisieren dadurch in mehr als 50 % der Trainingszyklen Zeitprogramme des Energieumsatzes, wie sie im Wettkampf benötigt werden.

Abb. 14: „Hand-über-Hand-Schwimmen“

Zusammenfassend kann festgestellt werden, dass zur trainingsmethodischen Bewältigung des Zeitdrucks folgende Schritte notwendig sind:

- Die **Technik der Trainingsübungen** zur Entwicklung wichtiger komplexer Leistungsvoraussetzungen muss so erlernt werden, dass sie auch unter den Bedingungen kurzer Zeitprogramme realisiert werden kann. Dazu wird auf Methoden aus dem Bereich „Techniktraining" und „elementares Schnelligkeitstraining" zurückgegriffen. Der Akzent wird auf kurze Aktionszeiten und/oder geringe Bewegungsamplituden gelegt. Schwerpunkt sind zunächst leicht beherrschbare Übungen, die mit geringen konditionellen und technischen Anforderungen über Interventionen das kurze Zeitprogramm sichern. Diese Übungen können dann zunehmend komplexer werden.
- Der Anteil der Trainingsübungen zur **Entwicklung der speziellen Kraftvoraussetzungen im kurzen Zeitprogramm** muss erhöht werden. Das kann am Anfang nicht über eine Umfangserhöhung erfolgen. Vielmehr soll der Gesamtumfang gesenkt werden und ein größerer Teil der Übungen mit niedriger Intensität im langen Zeitprogramm wird durch einen geringeren Anteil intensiverer Übungen im kurzen Zeitprogramm ersetzt. Eine Kompensation dafür kann durch die Erhöhung des Umfangs im allgemeinen Krafttraining erfolgen. Später kann bei Beachtung der 50 %-Regel auch der Umfang im speziellen Krafttraining wieder erhöht werden.
- Auf der Basis höherer spezieller Kraftvoraussetzungen unter den Bedingungen des kurzen Zeitprogramms kann die Ausbildung moderner **Wettkampftechniken im kurzen Zeitprogramm** erfolgen. Hierbei sind die vorbereitenden Technikübungen, die Grundübungen zur Technikerlernung und die speziellen Technikübungen hinsichtlich auftretender Vermeidungsstrategien zu überprüfen. Vermeidungsstrategien sind Bewegungslösungen, die die Nutzung des kurzen Zeitprogramms umgehen, obwohl die Realisierung möglich wäre. Alle genutzten Trainingsübungen sollten den Anforderungen von kurzen Zeitprogrammen entsprechen und in mindestens 50 % der Wiederholungen auch in diesem Zeitprogramm ausgeführt werden.

Anhand der Aktionszeiten kann eine Kontrolle der Zielparameter des kurzen Zeitprogramms vorgenommen werden. Es ist zu beachten, dass die Zeitprogramme mit bewegungsspezifischen Aktionszeiten in Erscheinung treten und sich die Programmgrenzen von Übung zu Übung unterscheiden. Vgl. Kap. 3.2.3.

Die Sicherung eines für das kurze Zeitprogramm ansteuerungsadäquaten Technik- und Krafttrainings kann auch unter Zuhilfenahme von Interventionsformen wie im elementaren Schnelligkeitstraining erfolgen. Einige Beispiele hierzu sind in der folgenden Matrix dargestellt. Weitere gibt es im Übungsteil.

	Anforderungsadäquates Kraft- und Techniktraining	A Azyklisch-reaktiv	B Azyklisch-nicht reaktiv	C Zyklische Schnelligkeit	D Reaktionsschnelligkeit
1	Erleichterung	Horizontale Sprünge mit Partnerentlastung	Würfe mit leichten Geräten	Schwimmen mit Zugunterstützung	Tiefstart mit Entlastung
2	Erschwerung	Mehrfachsprünge mit Schwunglast	Imitation Skisprungabsprung	Frequenzsprints mit Manschetten	Startsprung im Schwimmen mit Zugwiderstand
3	EMS	Hürdenüberquerung mit EMS	Seilzugübungen mit EMS	Radergometer mit EMS	Boxschlag mit EMS
4	Zeitliche und räumliche Zwänge	Sprungserien Laufband	Krafttraining gegen entschwindenden Widerstand	Hürdenlauf über verkürzte Abstände	Ballspiele mit unklarer Flugrichtung
5	Sensibilisierung Bewegungsempfinden	Hochsprünge vom Rheuterbrett	Veränderung der Bretteigenschaften im Wasserspringen	Veränderung von Körperlagen beim Sprinten	Reagieren auf Zusatzreize während einer Bewegung
6	Ideomotorisches Training/Metapher	Absprungrhythmisierung Weitsprung	Peitschenschlag als Metapher beim Schlagwurf	Hürdenrhythmusschulung über akustische Zielfrequenzvorgabe	Schattenboxen

Abb. 15: **Einsatz verschiedenartiger Interventionen für die Entwicklung der jeweiligen Schnelligkeitsformen im anforderungsadäquaten Kraft- und Techniktraining**

4.4 Einordnung des Schnelligkeitstrainings in das Gesamttraining

Aus der zunehmenden Bedeutung der Schnelligkeitsleistungen im Wettkampfvollzug leitet sich eine zentrale Rolle des Schnelligkeitstrainings in der Trainingsstruktur ab. Dies ergibt sich vor allem aus der zentralen Rolle der spinalmotorischen Steuerprogramme für alle sportlichen Leistungen. Der Gedanke des Schnelligkeitstrainings muss sich demzufolge in allen Sportarten, in allen Leistungs- und Altersbereichen, widerspiegeln, wenn auch mit unterschiedlichen Akzentsetzungen. Es dürfen weder die Ausdauersportarten ausgeklammert werden noch die Sportler, die den Wechsel zum kurzen Zeitprogramm nicht sofort vollziehen. Das Schnelligkeitstraining zur Ausbildung kurzer Zeitprogramme ist für alle Sportler vielseitiges, schnellkoordinatives Training, das keinerlei negative Auswirkungen für „langsame" Sportler hat.

Ebenso wie das Training der elementaren Schnelligkeit Voraussetzung für die Realisierung anderer Trainingsinhalte ist, können andere Trainingsinhalte das elementare Schnelligkeitstraining wirkungsvoll unterstützen. Dies sind vor allem:

I. Alle Trainingsinhalte, die die neuromuskuläre Aktivierung des gesamten Körpers betreffen.

II. Das propriozeptive Training zur Gelenksicherung und Verbesserung der Stiffness des Gesamtsystems.
Zwischen dem Schnelligkeitstraining und der Entwicklung der gelenksichernden Eigenschaften des neuromuskulären Systems bestehen sehr enge Verbindungen, da beide Trainingsaufgaben eine sehr schnelle Innervation der Muskulatur voraussetzen. Diese Eigenschaft kann sowohl zur Verletzungsprophylaxe als auch zur Verbesserung des Bewegungsresultats genutzt werden.

III. Ein gezieltes Training der Rumpfmuskulatur zur Übertragung der Antriebsimpulse der Extremitäten auf das Gesamtsystem Sportler.

Der Begriff der **Stiffness** gilt nicht nur auf der Ebene des einzelnen Gelenks bzw. eines mehrgelenkigen Antriebs (z. B. der Beine), sondern auch für das Gesamtsystem des Sportlers. Ein leistungsbeeinflussender Faktor ist dabei die Übertragung der Antriebsimpulse der Extremitäten auf das Gesamtsystem. Die Stiffness des Gesamtsystems definiert sich über das jeweils schwächste Teilelement. Deshalb kommt der Aktivierung der Rumpfmuskulatur insbesondere bei Bewegungen unter Zeitdruck eine erhöhte Bedeutung zu. Im Training ist deshalb neben der originären Entwicklung der Rumpfmuskulatur selbst die Ansteuerung dieser Muskeln in den spezifischen Bewegungen eine eigenständige Trainingsaufgabe. Dazu werden einerseits typische Körperhaltungen der Wettkampfübung eingenommen und dann Widerstände für die Rumpfmuskulatur erzeugt. Andererseits ist die schnelle und starke Anspannung der Rumpfmuskulatur in allen speziellen Übungen zu beachten.

4.4.1 Methodische Regeln für das Schnelligkeitstraining in einem schnelligkeitsorientierten Gesamttrainingssystem

Für den praktischen Einsatz des Schnelligkeitstrainings haben wir folgende formelhafte Hinweise zusammengestellt:

- Die Entwicklung der elementaren Schnelligkeit erfolgt akzentuiert, also in gesonderten Abschnitten. Diese sollten 3-4 Wochen lang sein. Oft ist dieser Entwicklungsabschnitt nicht ausreichend und es muss sich eine Stabilisierungsphase von ebenfalls 3-4 Wochen Dauer anschließen.
- Bei erfolgreicher Realisierung kann sich ein Trainingsabschnitt mit neuer Aufgabenstellung, z. B. die Übertragung der Zeitprogramme in eine spezifische Trainings- oder die Wettkampfübung, unmittelbar anschließen.
- Wurde der Entwicklungsabschnitt nicht mit einem Zeitprogrammwechsel abgeschlossen, kann ein neuer Trainingsabschnitt mit anderen Interventionsformen sofort folgen.
- In den Einheiten, in denen die elementaren Schnelligkeitsvoraussetzungen entwickelt oder in komplexere Bewegungen übertragen werden sollen, muss der Schnelligkeitsblock den Hauptteil der Trainingseinheit darstellen. Alle anderen Inhalte sind dem unterzuordnen. Sowohl der Sportler als auch der Trainer müssen sich mit voller Aufmerksamkeit diesem Schwerpunkt widmen.
- Für den Trainingserfolg sind auch die Kopplungen des Schnelligkeitstrainings mit anderen Trainingsinhalten wichtig.

Am schwierigsten ist dabei die Kopplung in der unmittelbaren zeitlichen Nähe des elementaren Schnelligkeitstrainings. Die Ausprägung neuer spinalmotorischer Steuerprogramme führt vorerst zu sehr sensiblen Ergebnissen. Falsche Kopplungen können die "jungen Programme" sofort wieder zerstören. Deshalb darf lediglich eine Ergänzung mit kompensatorischen Mitteln bzw. Mitteln, die andere Funktionssysteme ansprechen, erfolgen (geringintensives Ausdauertraining, Rumpfkraftentwicklung, ...).

- Im Mikrozyklus haben die Schnelligkeitseinheiten den Charakter von Haupttrainingseinheiten. Kopplungen im Mikrozyklus mit Maximalkrafttraining, Grundlagenausdauertraining, Sprinttraining u. Ä. sind möglich, sofern sie erhaltenden Charakter haben.
- Die neuromuskuläre Beanspruchung im Training zum Zeitprogrammwechsel ist sehr hoch. Nach einem solchen Training sind die Abstände zur nächsten Trainingseinheit mit entwickelndem Charakter so zu wählen, dass eine gute neuromuskuläre Erholung gewährleistet ist. Dies ist in der Regel nach ca. 48-72 Stunden der Fall. Entsprechend können **maximal** zwei Schnelligkeitseinheiten im Wochenverlauf durchgeführt werden.
- Der Wechsel vom langen zum kurzen Zeitprogramm führt zu einer vollkommen neuen Bewegungsstruktur. Alle bis dahin erworbenen Leistungsvoraussetzungen basierten auf der alten Ansteuerungsstruktur. Nach dem Programmwechsel müssen deshalb das gesamte Gefüge der Leistungsvoraussetzungen und auch die komplexen Leistungsvoraussetzungen selbst neu aufgebaut werden. Das Zusammenwirken der Leistungsvoraussetzungen ist neu zu organisieren. Der Programmwechsel kann deshalb zu einem „Zusammenbrechen" der sportlichen Leistung führen. Der Neuaufbau ist u. U. langwierig. Um solche Effekte zu vermeiden, soll

a) der Wechsel hin zum kurzen Zeitprogramm vorzugsweise am Anfang des Trainingsjahres bzw. des Makrozyklus erfolgen;
b) idealerweise der Aufbau des kurzen Zeitprogramms schon frühzeitig in der sportlichen Entwicklung erfolgen.

- Die Aufgaben des Schnelligkeitstrainings bauen aufeinander auf, d. h., wenn die elementare Schnelligkeit nicht im Zielniveau ausgeprägt ist, kann keine Übertragung in ein anforderungsadäquates Technik- bzw. Krafttraining stattfinden.

- Bevor die Wettkampfübung und spezielle Trainingsübungen im Training zur konditionellen Vervollkommnung eingesetzt werden, muss die Übertragung der elementaren Schnelligkeitsvoraussetzungen in komplexere Bewegungsstrukturen erfolgen. Wird das Technik- und Krafttraining mit Übungen im langen Zeitprogramm durchgeführt, obwohl das kurze Zeitprogramm im elementaren Bereich vorhanden ist, dann ist das realisierte Training nicht anforderungsgerecht, z. T. kontraproduktiv.
- Voraussetzung für ein ansteuerungsadäquates Techniktraining sind stabile elementare Schnelligkeitsvoraussetzungen. Diese werden zuerst in die disziplinspezifischen Drills (Training einzelner Technikelemente) überführt. Anschließend wird die Komplexität der Bewegungsabläufe sukzessive erhöht, bis hin zur Wettkampfübung.
- Bei der Ausbildung kurzer Zeitprogramme tritt der Belastungsumfang als Belastungsfaktor in den Hintergrund. Entscheidend ist in dieser Phase die Sicherung des Zielprogramms in der Mehrzahl der Trainingswiederholungen. Erst bei sicherer Beherrschung der kurzen Zeitprogramme wird der Belastungsumfang wieder als Belastungsfaktor einbezogen.
- In den Phasen des ansteuerungsadäquaten Technik- und Krafttrainings wird auf relativ stabile kurze Zeitprogramme zurückgegriffen. Hier bleiben die traditionellen Strukturen im Makro- und Mesozyklus im Wesentlichen unverändert. Die Aufgaben im Schnelligkeitstraining wechseln auch mit der Struktur der Mesozyklen. Übergeordnetes Ziel bleibt aber immer die Sicherung der Zielansteuerung bei möglichst allen spezifisch wirksamen Trainingsmitteln.
- Der Erhalt der elementaren Schnelligkeitsvoraussetzungen stellt eine ganzjährige Aufgabe dar. Diese wird auch durch das Technik- und Krafttraining realisiert. Kürzere „Erinnerungsreize" für das elementare kurze Zeitprogramm können auch in späteren Abschnitten immer wieder gesetzt werden, um die Stabilität dieses Programms zu fördern. Es geht um die Abforderung des kurzen Zeitprogramms unter vielfältigen Bedingungen.
- In der folgenden Abbildung ist zum Gesamtverständnis die Hierarchie des Einsatzes der verschiedenen Interventionsformen mit den entsprechenden Trainingszielen dargestellt.

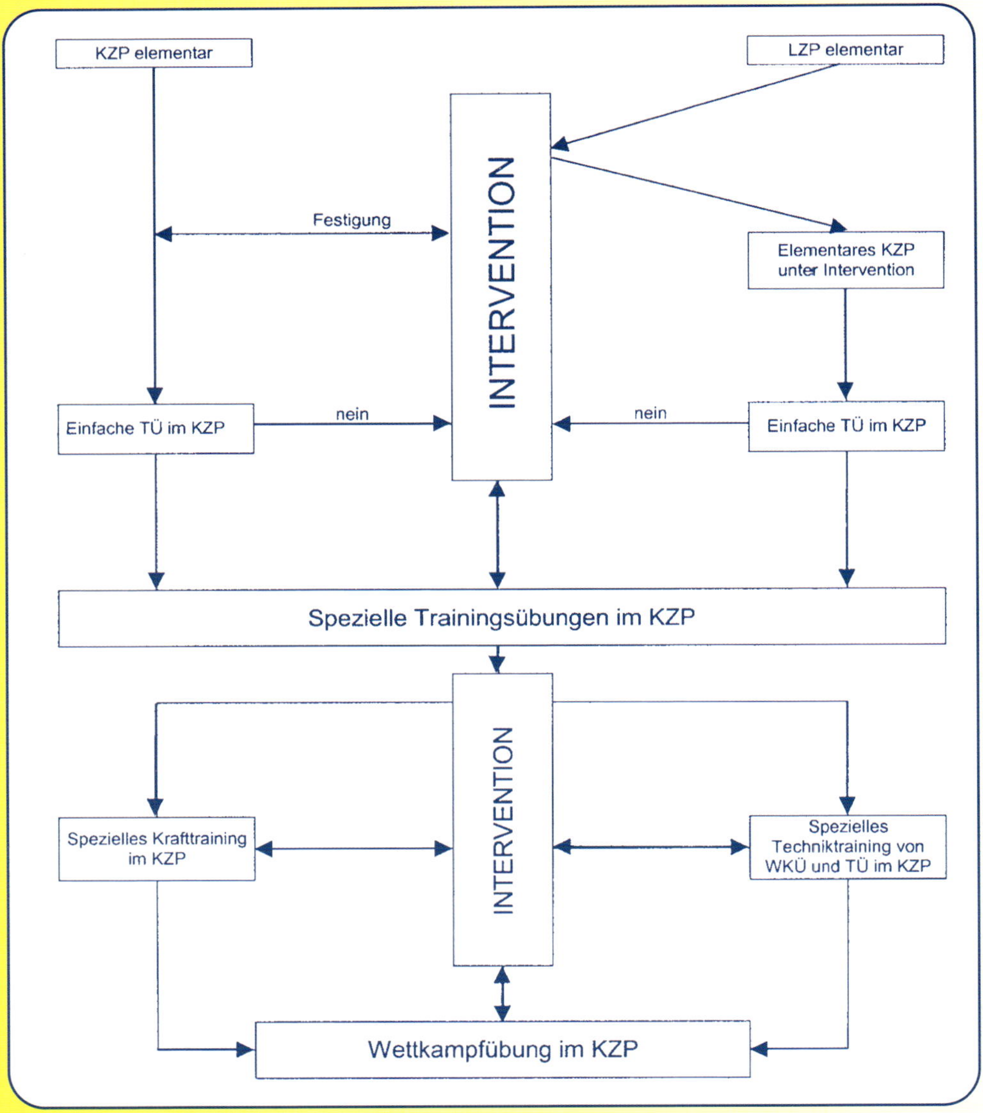

Abb. 16: Hierarchie der Trainingsübungen und Interventionen

4.4.2 Schnelligkeitstraining im Nachwuchsleistungssport

Die Vernachlässigung der Herausbildung kurzer Zeitprogramme im Nachwuchstraining führt in einer Reihe von Sportarten im Übergang zum Hochleistungstraining zur Leistungsstagnation. Im Nachwuchstraining sind fehlende kurze Zeitprogramme, so wie auch andere Leistungsvoraussetzungen, kompensierbar. Dies hängt damit zusammen, dass bei dem geringeren „Zeitzwang", z. B. auf Grund geringerer Anlaufgeschwindigkeiten, mehr Variationsmöglichkeiten in der Bewegungsausführung für den Nachwuchssportler bestehen.

Im Hochleistungstraining ist das nicht mehr möglich. Erfolgt die Ausprägung kurzer Zeitprogramme erst in dieser Phase, muss das Zusammenwirken der Leistungsvoraussetzungen „umstrukturiert" werden. Dies führt dann zumindest zeitweise zu einem Leistungsrückgang.

Die kurzen Zeitprogramme können bereits im sechsten Lebensjahr vorhanden sein. Die jungen Sportler sind zwar in der Lage, unter günstigen Bedingungen die kurzen Zeitprogramme zu erwerben, die meisten anderen Leistungsvoraussetzungen hinken in der Entwicklung jedoch hinterher. Insbesondere im anforderungsadäquaten Technik- und Krafttraining käme es deshalb zu Problemen, die sowohl die aktuelle als auch die langfristige Leistungsentwicklung negativ beeinflussen würden.

Folgende allgemeine Hinweise zu Abweichungen des Schnelligkeitstrainings im Nachwuchsbereich vom Hochleistungstraining sollten deshalb beachtet werden:

- Im Kindesalter bestehen gute Bedingungen für die Entwicklung des neuromuskulären Systems.
- Das biologische Alter, das Leistungsniveau und der Ausprägungsgrad der elementaren Schnelligkeitsvoraussetzungen bestimmen die Trainingsaufgaben auch im Schnelligkeitstraining des Nachwuchsbereichs.
- Das Schnelligkeitstraining im Nachwuchsbereich muss eindeutig auf die Ausprägung und den Erhalt der elementaren Schnelligkeit gerichtet sein. Ein späteres „Umsteigen" auf effektive elementare Steuerprogramme führt, dann bei bereits höherem Leistungsniveau, meist zu einem zeitweiligen Leistungsrückgang.

- Im Nachwuchstraining sind, unabhängig von der geplanten Disziplinausrichtung des Sportlers, alle vier Schnelligkeitsformen zu entwickeln bzw. anzusprechen.
- Im Gegensatz zum Hochleistungstraining müssen die kurzen Zeitprogramme nicht unbedingt in die Wettkampfübung übertragen werden. Deshalb können häufiger Entwicklungsabschnitte der elementaren Schnelligkeitsformen durchgeführt werden und vielfältige Mittel zum Einsatz gebracht werden – auch in spielerischen Formen.
- Im Nachwuchstraining sollte grundsätzlich der Einsatz leichterer Sportgeräte und geringerer Bewegungswiderstände bevorzugt werden. Dies ist notwendig, um schon hier perspektivische Zeitstrukturen zu entwickeln bzw. diesen nicht entgegenzuwirken.
- Abhängig vom Vorhandensein bzw. der Ausbildbarkeit der elementaren Schnelligkeitsvoraussetzungen können im Nachwuchstraining wichtige Eignungsentscheidungen getroffen werden. Sportler, die die elementaren Zielprogramme erreichen bzw. unter Einsatz von Interventionsmitteln erreichen, sind für Sportarten und Disziplinen mit hohen Schnelligkeitsanforderungen geeignet. Für die anderen Sportler bieten sich eher Sportarten und Disziplinen an, die geringere Schnelligkeitsanforderungen stellen oder über Alternativtechniken mit Kompensationscharakter verfügen. In Einzelfällen gelingt auch noch später der spontane Wechsel zum kurzen Zeitprogramm. Dies kann z. B. durch einen starken Zuwachs der Kraftvoraussetzungen erfolgen, was dann wie eine relative Körpergewichtsentlastung wirkt. Entscheidungen über Nichteignung wegen fehlender kurzer Zeitprogramme sollten deshalb nicht voreilig getroffen werden.
- Den Sportlern mit guten elementaren Schnelligkeitsvoraussetzungen muss besondere Beachtung geschenkt werden. Sie werden durch das bestehende Trainingssystem meist kraftausdauerorientiert trainiert, d. h. in einem für sie weniger wirksamen Regime. Dies führt oft dazu, dass die Leistungsentwicklung zurückbleibt. Es wird häufig beobachtet, dass solche Sportler manchmal für längere Zeit wegen fehlender Motivation nicht mehr trainieren und nach Jahren ohne gezieltes Training plötzlich wieder mit überraschenden Leistungen aufwarten. Dieser „Umweg" ließe sich durch ein frühzeitig schnelligkeitsorientiertes Training vermeiden, zumal die genannten Sportler auf Schnelligkeitsreize außerordentlich gut reagieren. Es besteht auch die Gefahr, dass die kurzen Zeitprogramme durch ein überwiegendes Training im langen Zeitprogramm wieder verloren gehen.

- Das anforderungsadäquate Technik- und Krafttraining kann im Nachwuchstraining noch nicht zwingend im Zielprogramm realisiert werden. Es sollten, dort, wo es möglich ist, Entlastungen oder auch Alternativtechniken verwendet werden. Diese Alternativtechniken sollten strukturell möglichst weit von der Zieltechnik entfernte Lösungen darstellen, um negative Übertragungseffekte so gering wie möglich zu halten.
- Vielfältige Bewegungserfahrungen, vor allem solche, die die elementaren Schnelligkeitsvoraussetzungen auf breiter Ebene abfordern, beeinflussen das spätere Training im anforderungsadäquaten Technik- und Krafttraining positiv. Überdenkenswert sind für viele Sportarten in diesem Zusammenhang die durch die vorhandenen Wettkampf- und Qualifikationssysteme gestellten Anforderungen. Werden nicht vielfach nur die speziellen Leistungen oder energetische Leistungsvoraussetzungen abgefordert? Wo sind hier die elementaren Schnelligkeitsvoraussetzungen?

  Wenn die elementaren Schnelligkeitsvoraussetzungen im Nachwuchstraining so bedeutsam sind, müssen sie auch im Wettkampf- und Normsystem in stärkerem Maße abgefordert werden. Wir fördern sonst nach wie vor akzelerierte Sportler (biologische Frühentwickler) mit ihren guten Wettkampfleistungen. Sie erweisen sich häufig aber gar nicht als Talente für Spitzenleistungen im Hochleistungsbereich.

4.4.3 Übergreifende Bedeutung des Schnelligkeitstrainings auch für den Nichtleistungssport

Kurze Zeitprogramme haben eine weitere, indirekte, leistungsbeeinflussende Funktion. Durch die schnelle Aktivierung der Arbeitsmuskulatur bei schnellkräftigen Bewegungen werden auch die Gelenke sofort muskulär gesichert. Bei allen kurzzeitigen Bewegungen unter hohen Geschwindigkeiten sind die Gelenke hochgradig belastet und es kommt zu entsprechend starken Stößen in den Gelenken. Durch rechtzeitige muskuläre Aktivitäten, wie sie bei kurzen Zeitprogrammen realisiert werden, lassen sich diese Belastungen minimieren. Das Verletzungsrisiko durch Fehlbelastungen wird deutlich gesenkt.

Im Gegensatz zu bisher häufig vertretenen Auffassungen hat die Schnelligkeit im Sport in allen Altersbereichen ihre Bedeutung. Insbesondere für ältere Menschen wird noch immer empfohlen, Schnelligkeitsbelastungen zu vermeiden, um Verletzungen durch die hohen Kraftspitzen bei Beschleunigungs- und Bremsbewegungen zu verhindern.

Hierbei wird jedoch vergessen, dass sich alle nicht beanspruchten Funktionssysteme des menschlichen Organismus zurückbilden. Im Gegensatz dazu kann durch Training jedes Funktionssystem in jedem Alter in Grenzen entwickelt bzw. in der Rückbildung verlangsamt werden.

Es gibt beispielsweise ernst zu nehmende Hinweise darauf, dass selbst zur Osteoporoseprophylaxe durch dosierte Stoßbelastungen positive Effekte erzielt werden können (Honda, Umemura & Nagasawa, 2001). Osteoporose ist eine Stoffwechselerkrankung des Skelettsystems, die zu einer verringerten Belastbarkeit der Knochen führt. Ähnlich verhält es sich mit Sehnen, Gelenken und Muskeln.

Ältere Menschen unterscheiden sich untereinander vor allem hinsichtlich ihrer Vitalität, unabhängig vom tatsächlichen Alter. Die Vitalität wiederum steht im engen Zusammenhang zu vielfältigen geistigen und körperlichen Aktivitäten. Im Sinne dieser Vielfältigkeit spielen auch schnelligkeitsorientierte Anforderungen eine wichtige Rolle. Unstrittig ist, dass Extrembelastungen vermieden werden sollten.

Trotzdem gibt es eine Fülle von Schnelligkeitsbelastungen, denen sich auch der ältere Mensch aussetzen kann, wenn eine entsprechende Vorbereitung und Erwärmung erfolgt. Es kann auch auf Schnelligkeitsübungen aus dem Bereich der Interventionsformen mit Entlastung zurückgegriffen werden. Aber auch Funsportarten mit typischen Schnelligkeits- und Schnellkraftanforderungen werden zunehmend auch durch ältere Menschen ausgeübt. Hierzu zählt auf alle Fälle der alpine Skilauf. Beispiele aus der Seniorenleichtathletik, dem Altersturnen oder den Spielsportarten zeigen, dass Schnelligkeitsbelastungen im Alter durchaus möglich sind. Im Mittelpunkt sollte eine Orientierung auf vielfältige Bewegungs- und Schnelligkeitsanforderungen stehen, wobei extreme Stoß- und Bremsbelastungen in den Kraftspitzen möglichst abgemindert werden sollten.

Was für die Altersmotorik gilt, trifft in gleichem Maße für die Alltagsmotorik zu. Das tägliche Leben ist durch einen Gleichklang der Anforderungen gekennzeichnet, der dem menschlichen Wesen in dieser Form nicht entspricht. Die Spezialisierung durch den Arbeitsprozess hat sich dort, wo Sport als körperlicher und geistiger Ausgleich betrieben wird, aber auch schon weit verbreitet. Die einseitige Orientierung auf Ausdauersportarten hat positive Seiten für das Herz-Kreislauf-System und den Stoffwechsel. Die gesamte Motorik mit ihren vielfältigen Anforderungen kommt dabei jedoch meist zu kurz. Unter diesem Aspekt sind die vielen „neuen Sportarten" sehr zu begrüßen. Die oftmals hohen Kosten für die notwendigen Ausrüstungen usw. erschweren im Moment noch eine solche Form von flächendeckendem Freizeitsport. Hier werden in der nächsten Zeit sicher durch komplexe Sport- und Freizeitangebote Lücken geschlossen.

Auch im Sport mit Kleinkindern müssen sich die Erkenntnisse zum Schnelligkeitstraining widerspiegeln. Die Ausführung der kurzen Zeitprogramme im Kleinkindalter ist auf Grund fehlender Kraftvoraussetzungen und mangelnder Bewegungserfahrungen nur in Ausnahmefällen möglich. Entsprechend kann es in diesem Altersbereich nicht um die Ausbildung kurzer Zeitprogramme gehen. Vielmehr müssen der Erwerb vielfältiger Bewegungserfahrungen sowie die Entwicklung allgemeiner Kraftvoraussetzungen für Arme, Beine und Rumpf im Mittelpunkt alle Bemühungen stehen. Neben Kleinen Spielen bietet vor allem das Turnen hier sehr gute Möglichkeiten.

4.4.4 Methodische Besonderheiten des Schnelligkeitstrainings mit Elektrostimulation

Der EMS-Einsatz im Schnelligkeitstraining unterliegt den gleichen Regeln wie das sonstige Schnelligkeitstraining. Die EMS stellt durch ihren sehr zwingenden Eingriff in das aktuelle Steuerprogramm jedoch eine besonders hohe Belastung für das neuromuskuläre Funktionssystem dar. Deshalb werden vor allem an das Belastungs-Pausen-Regime sehr hohe Anforderungen gestellt. Dazu gehört auch die Kombination mit anderen Trainingsmitteln in der Trainingseinheit und in den Trainingsabschnitten.

Außerdem weist die EMS spezifische Parameter zur Steuerung der Belastung und zur Gestaltung der Spezifik des Trainings auf.

Folgende Fakten sind von besonderem Interesse:

- Die Vorgabe der effektiven Muskelansteuerung durch den elektrischen Impuls führt zu einem zeitlich „richtigen" Impulsstrom vom Motoneuron. Somit ist vor allem der Zeitpunkt des Stimulationsbeginns bedeutsam. Der Aktivitätsbeginn liegt immer vor dem eigentlichen Bewegungsbeginn. Bei Übungen aus der Bewegung kann über räumliche Bewegungsparameter der Stimulationsbeginn festgelegt und automatisch ausgelöst werden. Bei Bewegungen aus der Ruhe ist dies nur über Startsignale bzw. manuelle Triggerauslösung möglich.
- Weitere wichtige Stimulationsparameter sind die Stimulationsintensität und die Stimulationsdauer. Die Stimulationsintensität (Stromstärke) ist dabei individuell subjektiv verträglich einzustellen, im Zweifelsfall immer etwas niedriger. Wichtiger als die Intensität ist der richtige Stimulationszeitpunkt. Es kann jedoch angemerkt werden, dass die Intensität, wenn sie auf einen kontrahierten Muskel trifft, wesentlich weniger gespürt wird als bei einem nicht angespannten Muskel. D. h., in der Bewegung wird die Stimulation geringer gespürt als bei der Einstellung der Stimulationsintensität in der Ruhe. Die Stimulationsdauer orientiert sich an der Bewegungsdauer. Als Faustregel gilt, dass die Stimulationsdauer etwa 40 % der Arbeitsphase des Muskels betragen soll.

- Die Elektrostimulation hat in den jeweiligen Stufen des Schnelligkeitstrainings z. T. unterschiedliche Funktionen. Im elementaren Schnelligkeitstraining geht es um den Wechsel zum kurzen Zeitprogramm. Die Stimulation wirkt auf das vorhandene ineffektive Programm ein und versucht, dieses durch Neustrukturierung zu verändern. Die Anforderungen an das neuromuskuläre System sind hoch, die neuromuskuläre Ermüdung ist sehr stark. Dementsprechend sind die Belastungsumfänge sehr gering, die Abstände zwischen den Stimulationseinheiten lang und die Kopplung mit anderen Trainingsmitteln ist vorsichtig zu gestalten.

- Im anforderungsadäquaten Techniktraining geht es um die Übertragung der elementar bereits vorhandenen Schnelligkeitsvoraussetzungen auf die speziellen Techniken. Auch wenn es sich hierbei ebenfalls um die Veränderung eines Steuerprogramms handelt, so erfolgt der Programmwechsel auf der Basis eines bereits vorhandenen grundlegenden Steuerprogramms. Die Belastung für das neuromuskuläre System ist hoch, jedoch niedriger als beim Training zum Zeitprogrammwechsel. Die Belastungsumfänge können sich an den aus dem Techniktraining üblichen Umfängen orientieren. Die neuromuskuläre Ermüdung sollte auch hier sehr sensibel beobachtet werden.

- Im anforderungsadäquaten Krafttraining werden durch die Elektrostimulation für die Muskelansteuerung Bedingungen simuliert, die hohen Bewegungsintensitäten entsprechen. Auch wenn die äußeren Belastungen z. B. auf Grund niedrigerer Anlaufgeschwindigkeiten geringer sind als in der Zielübung, so sind die inneren Belastungen für das neuromuskuläre System trotzdem genauso hoch. Die Belastungsgestaltung sollte sich deshalb am wettkampfnahen, speziellen Training orientieren.

- Gegen einen Einsatz der Elektrostimulation im Nachwuchstraining spricht außer der schwierigen Belastungsdosierung bei Kindern nichts. Im frühen Kindesalter sollten jedoch vielfältige schnelligkeitsorientierte Bewegungsformen im Vordergrund stehen, um ein umfangreiches Repertoire an Bewegungserfahrungen zu sammeln. Bei etwas länger trainierenden Kindern kann vor allem für die Realisierung des elementaren Schnelligkeitstrainings auch die Elektrostimulation eingesetzt werden. Dies sollte vor allem unter eignungsdiagnostischem Aspekt erfolgen (vgl. Kap. 5).

841

5 Schnelligkeitsdiagnose

Die Leistungsdiagnose im Allgemeinen dient sowohl der Strukturierung der sportlichen Leistung als auch dem Soll-Ist-Vergleich. Dieser ermöglicht anhand von aufgestellten Normen die Beurteilung von Trainingswirkungen sowie der Eignung des einzelnen Sportlers für bestimmte Bewegungshandlungen. Als Messverfahren in der Schnelligkeitsdiagnose werden vorrangig sportmotorische Tests und biomechanische Messverfahren, wie z. B. die Dynamometrie und Speedometrie oder EMG-Untersuchungen eingesetzt. Neben den Gütekriterien für die Testverfahren spielt für den Einsatz im Training auch die Testökonomie eine entscheidende Rolle. Leistungsdiagnostische Verfahren werden sowohl im Training als auch im Wettkampf eingesetzt. Im Training stehen immer die einzelnen Leistungsvoraussetzungen bzw. Teilleistungen im Mittelpunkt, während im Wettkampf Aussagen zum komplexen Leistungsvollzug erwartet werden. Als Sonderform hat sich in den letzten Jahren die wettkampfnahe Diagnose von Leistungsvoraussetzungen erwiesen. Im Rahmen dieser „Wettkämpfe" können für einen großen Personenkreis Daten erhoben und in Bezug zu spezifischen Wettkampfleistungen gestellt werden. Beispiele dafür sind der Vierkampf im Rahmen der Jahrgangsmeisterschaften im Schwimmen oder auch das Messsportfest für die Diagnose von Schnelligkeitsvoraussetzungen.

Die Schnelligkeitsdiagnose dient der Erfassung von elementaren Schnelligkeitsvoraussetzungen und deren Widerspiegelung in komplexen Leistungen oder Teilleistungen. Dies gestaltet sich schwieriger als bei den meisten anderen Leistungsvoraussetzungen. Schnelligkeit befasst sich mit Zeitabschnitten, die so kurz sind, dass sie nicht bewusst gesteuert werden können. Durch „Beobachtungsmethoden" ist keine Erfassung und Beurteilung von Schnelligkeitsvoraussetzungen möglich. Es müssen Messgeräte für die Diagnose hinzugezogen werden, weshalb die Schnelligkeitsdiagnose in vielen Fällen ein Stiefkind ist. Gerade dieser unmögliche Verzicht auf Messtechnik macht die Schnelligkeitsdiagnose so bedeutsam. Es gibt keinen Ersatz, um Aussagen über diese wichtige Leistungsvoraussetzung und ihre Veränderungen im Training zu erhalten.

Die Schnelligkeit wird auf Grund ihrer gegenüber Trainingseinflüssen relativ ausgeprägten Stabilität einiger Merkmale als ein wichtiges Eignungskriterium angesehen.

Für die Eignungsdiagnose muss entsprechend nach solchen stabilen Elementen der Schnelligkeit gesucht werden. Hierzu zählen:

- Stützzeiten,
- das Kraftanstiegsverhalten bei einfachen Bewegungen,
- grundlegende Tappingfrequenzen sowie
- einfache Reaktionszeiten.

Eignungskriterium sind jedoch nicht nur die „stabilen Faktoren", sondern in gleichem Maße auch die Aussage über die **individuelle Trainierbarkeit** der Schnelligkeitsvoraussetzungen bzw. der schnelligkeitsbeeinflussten Voraussetzungen. Wie spricht der Sportler auf Schnelligkeitstraining an?

Es hat sich gezeigt, dass schnelligkeitsveranlagte Sportler auf Interventionsmethoden zur Schnelligkeitsorientierung besonders gut ansprechen. Sie reagieren sehr schnell und mit deutlichen Zuwächsen in den Schnelligkeitsparametern oder/und in der Leistung.

In der Diagnose zur Trainingssteuerung geht es um die Festlegung der nächsten Trainingsaufgabe, die Ermittlung des Istzustands und der individuellen Defizite. Es werden erfasst:

- Die Ausführungsqualität von Trainingsübungen unter dem Schnelligkeitsaspekt – inwieweit werden durch die individuelle Gestaltung der Trainingsübung die Zielgrößen der Trainingsparameter erfüllt?
- Die Wirkung des Trainings – Vergleich der Zielgrößen vor und nach dem Trainingsabschnitt.
- Die Ermüdung der Zielparameter im Training – wann werden die Zielparameter nicht mehr erreicht, wann ist das Training nicht mehr wirksam bzw. wann führen andere Trainingseinflüsse zu negativen Entwicklungen der Schnelligkeitsparameter?

Alle Formen der Schnelligkeitsdiagnose haben gemeinsam, dass sich die elementare Schnelligkeit als Funktion des neuromuskulären Systems nur indirekt erfassen lässt. Elementare Schnelligkeitsvoraussetzungen treten immer in Verbindung mit anderen Leistungsvoraussetzungen auf. Es kann somit nur indirekt auf der Grundlage der

Ergebnisse eines oder mehrerer Tests auf die elementare Schnelligkeit geschlossen werden. Die direkteste Messung erfolgt über elektromyografische Untersuchungen. Diese sind immer noch sehr aufwändig und für die Routine bzw. einen größeren Personenkreis nicht praktikabel. Die Absicherung der gewonnenen Testergebnisse sollte deshalb in der Regel durch mehrere Tests bzw. Testbatterien erfolgen.

Als wesentliches Testkriterium gilt die **Testökonomie**. Neben den Kosten für die Bereitstellung der Messtechnik ist die Vorbereitung, Durchführung und Auswertung der diagnostischen Maßnahmen aus personeller Sicht zu kalkulieren. Insbesondere die Auswertung der Ergebnisse und die Ableitung der Folgerungen erfordert hohe Fachkompetenz und ist nur mit entsprechendem Aufwand zu realisieren. Diagnostische Maßnahme sind nach ihrem Aufwand-Nutzen-Verhältnis zu bewerten.

Unter diesem Gesichtspunkt ergeben sich zur Wahrung der Aussagefähigkeit, Wirtschaftlichkeit und Effizienz der Diagnosemaßnahmen einige Grundsätze, die Beachtung finden sollten:

- Möglichst einfache Tests ohne besonderen Geräteaufwand auswählen.
- Testverfahren so weit standardisieren, dass die Vergleichbarkeit der Ergebnisse gesichert ist.
- Testanzahl optimal gering halten, ohne die Absicherung wichtiger Aussagen zu vernachlässigen.
- Komplexe Testverfahren auf der Basis von zentralen Maßnahmen durchführen, um möglichst viele Sportler kostengünstig analysieren und Trainingsempfehlungen ableiten zu können.
- Messwettkämpfe als diagnostische Maßnahmen durchführen, um die Motivation der Sportler zu verbessern.
- Eine Diagnose im echten Wettkampf ist, was die Einordnung der Ergebnisse betrifft, die aussagefähigste Methode. Eine Wettkampfdiagnose ist jedoch immer an Methoden gebunden, die das Wettkampfgeschehen nicht beeinträchtigen.
- Eine Diagnose muss immer schnell ausgewertet werden. Die Aussagen müssen für den Trainer bzw. Sportler verständlich sein und Trainingskonsequenzen aufzeigen. Die Auswertungen sollen einen übersichtlichen Charakter haben und sich auf wenige wichtige Parameter beschränken.

Zusammengefasst kann das System der Schnelligkeitsdiagnose folgendermaßen dargestellt werden:

Tab. 6: Das System der Schnelligkeitsdiagnose

Schnelligkeitsdiagnose im	Zielrichtung	Beispiele
elementaren Schnelligkeitstraining	• Eignungsfeststellung/ Talentdiagnose	• Drop Jumps, maximale Tappingfrequenzen
	• Trainierbarkeit der Schnelligkeit	• Bewegungsausführung mit EMS oder unter Entlastung
	• Ermüdung im Dauertest	• Abfall der Tappingfrequenzen
schnelligkeitsadäquaten Kraft- und Techniktraining	Ermittlung der individuellen Wirkungsrichtung von Trainingsübungen durch Variation der Ausführungsbedingungen	Bodenkontaktzeiten im Sprungkrafttraining, maximale Bewegungsgeschwindigkeiten bei Kniebeugen
Wettkampf, wettkampfnahen Training	Erarbeitung eines individuellen Technikleitbildes	Stützzeiten beim Bodenkontakt (z. B. Hürdenüberquerung), Kraftanstiegsverhalten in Hauptphasen der Bewegung (z. B. Abwurfphase)

Im Zusammenhang mit der Eignungsdiagnose und deren Einfluss auf die Trainingsinhalte spielen auch Normensysteme eine wichtige Rolle. Wonach werden im Nachwuchstraining Auswahlentscheidungen getroffen?

Normen in den Sportarten beziehen sich noch fast ausschließlich auf das Erreichen von mehr oder weniger komplexen Zielleistungen. Diese Zielleistungen sind häufig stark kraft- bzw. ausdauerbestimmt.

Da die kurzen Zeitprogramme für Weltspitzenleistungen in vielen Sportarten eine Bedingung darstellen und die Ausprägung und Nutzung der kurzen Zeitprogramme bereits im Nachwuchstraining erfolgen muss, sind die Normsysteme in dieser Hinsicht zu überdenken.

Die alleinige Erfassung spezieller sportlicher Leistungen erfüllt diese Anforderungen nicht. Vielmehr müssen diese durch Tests aus dem Bereich elementarer Schnelligkeitsvoraussetzungen ergänzt werden.

Für die Trainingssteuerung sind prinzipiell die gleichen Testübungen geeignet, allerdings mit einem differenzierteren Einsatzspektrum. Dies hängt vor allem von den Trainingsaufgaben ab. Für die Übertragung der elementaren Schnelligkeitsvoraussetzungen in spezielle Übungen sind die gleichen Messmethoden wie zur Erfassung der elementaren Schnelligkeit nutzbar, allerdings eben bei speziellen Trainingsübungen und der Wettkampfübung.

5.1 Diagnose der Schnelligkeitsformen

Die Diagnose der Schnelligkeitsformen muss in Abhängigkeit von der jeweiligen Aufgabe des Schnelligkeitstrainings erfolgen.

	Reaktiv	Nichtreaktiv	Frequenz	Reaktion
Elementare Schnelligkeit	Drop Jump	Treibhöhe beim Squat Jump	Tapping stehend	Einfachreaktion
Schnelligkeit in der speziellen Technik	Stützzeit beim Weitsprungabsprung in Bezug zur Anlaufgeschwindigkeit	Kraftanstieg am Startblock beim Tiefstart	Frequenz in realem Sprint	Reaktionszeit beim Tiefstart
Schnelligkeit beim speziellen Krafttraining	Stützzeit verschiedener Trainingsmittel	Maximalgeschwindigkeit bei nichtreaktiven Bewegungsformen	Frequenz bei Frequenzläufen	Reaktionszeiten bei verschiedenen Reaktions-Trainings-Übungen

Abb. 17: Beispielhafte Darstellung ausgewählter Testübungen für die Schnelligkeitsdiagnose zur Trainingssteuerung in Abhängigkeit von der Trainingsaufgabe

5.1.1 Diagnose der elementaren Schnelligkeit bei reaktiven Bewegungsformen

Abb. 18: Drop-Jump-Test

Der Drop Jump

Der Drop Jump wird in der Normalform aus einer vertikalen Fallgeschwindigkeit beidbeinig wieder vertikal abgesprungen.

Das Abfallen vom Sprunghocker soll aus gestreckter Körperposition ohne Einbeugen in den Knien erfolgen. Dieses Einbeugen der Knie würde zu einer geringeren Fallhöhe führen. Auch das Abspringen vom Hocker sollte vermieden werden, hier entstehen größere Fallhöhen.

Die Landung muss auf dem Ballen erfolgen, die Knie sind nicht ganz gestreckt. Während des Bodenkontakts sollen die Knie möglichst nicht oder nur wenig weiter gebeugt werden. Auch im Fußgelenk darf nur wenig nachgegeben werden und die Fersen dürfen nicht passiv auf den Boden durchschlagen. Die Muskelspannung muss im ganzen Körper, besonders jedoch in der Waden- und Kniestreckmuskulatur, während des gesamten Bodenkontakts aufrechterhalten werden. Der Absprungimpuls muss sofort auf den ganzen Körper übertragen werden. Das ist nur mit einer sehr guten Gesamtkörper- und Rumpfspannung möglich. Die Arme sollen nur kleinräumig und nahe am Körper zur Schwungunterstützung eingesetzt werden. Ein zu später Schwungarmeinsatz kann den Bodenkontakt verlängern.

Der Absprung erfolgt prellend aus dem Fußgelenk.

Die Fallhöhe muss den Kraft- und Gewichtsvoraussetzungen entsprechend optimal sein. Ist die Fallhöhe zu gering, genügt die Auftreffgeschwindigkeit nicht für eine typisch reaktive Bewegungsausführung. Bei einer zu großen Fallhöhe entsteht eine zu hohe Auftreffgeschwindigkeit und macht die schnelle und explosive Bewegungsausführung von den Kraftvoraussetzungen abhängig. Für Testzwecke sind Fallhöhen im Bereich von 30-40 cm (z. B. Sprunghocker = 40 cm) besonders zweckmäßig.

Im Mittelpunkt der Bewegungsorientierung steht eine möglichst kurze Stützzeit bei optimaler Sprunghöhe. Eine Orientierung auf größere Sprunghöhen hat meist längere Stützzeiten am Boden zur Folge. Für die Testauswertung ist die Erfassung von Stütz- und Flugzeit mit einem Niedersprungtestgerät erforderlich.

Es sind Stützzeiten von unter 140 ms anzustreben und das bei individuell möglichst langen Flugzeiten.

Wenn es den Sportlern nicht gelingt, prellend abzuspringen, sind metapherartige Bewegungserklärungen oft erfolgreich; z. B.: „Spring ab wie ein Flummi oder ein hart aufgepumpter Fußball", „Landung und Absprung nicht trennen – die Landung muss auch schon der Absprung sein", „Stell dir vor, du springst von einer glühenden Eisenplatte ab", ...).

Die Bewertung des Drop Jumps erfolgt nach folgenden Kriterien:

Die Stützzeit am Boden stellt den Schnelligkeitsparameter dar und die Sprung- bzw. Treibhöhe nach dem Wiederabsprung ist Ausdruck des Kraftparameters. Die Sprunghöhe kann unkompliziert über die Flugzeit erfasst werden. Die Stützzeit lässt sich verkürzen, indem die Sprunghöhe extrem verringert wird. Dadurch sinkt aber die Gesamtleistung.

Um den Zusammenhang zwischen Stützzeit und Sprunghöhe besser erfassen zu können, wird die Gesamtleistung beim Drop Jump auf einfache Weise aus Stütz- und Flugzeit ermittelt. Als sehr praktikabel hat sich dafür die Erfassung des *Effektivitätskoeffizienten des Absprungs* (EKA) nach Abramov, Kuporosov & Matwejerer (1980) erwiesen. Er berechnet sich aus der Stützzeit und der Flugzeit bis zur erneuten Landung auf dem Boden. Der EKA, auch als *Effizienz* bezeichnet, errechnet sich nach folgender Formel:

$$EKA = \frac{Flz^2}{Stz}$$

(Werte in Sekunden)

$$\text{z. B. } 1{,}79 = \frac{0{,}500^2}{0{,}140}$$

Der EKA nimmt dabei als dimensionslose Größe Werte von ca. 0,50-3,50 an. Der EKA steigt mit wachsender Flugzeit und sinkender Stützzeit an. Seine höchsten Werte erreicht er beim individuellen Optimum von Stütz- und Flugzeit. Die bei diesem Optimum erreichte Stützzeit ist der Maßstab für die Aussage, in welchem Zeitprogramm sich der Sportler befindet.

Diese Parameter dienen auch der **Steuerung des Trainings über Schnelligkeitswert und Leistung.** Wenn im Training entweder die Stützzeiten länger werden oder aber der EKA deutlich abfällt, sind das Zeichen dafür, dass das notwendige Trainingsniveau nicht mehr erreicht wird. Meist ist die neuromuskuläre Ermüdung zu groß und das Zeitprogrammtraining muss abgebrochen werden.

Beispiel

Die durch den Sportler maximal erreichbare Effizienz sollte möglichst bei jedem Trainingssprung erreicht werden, wobei Stützzeiten im kurzen Zeitprogramm (unter 140 ms) anzustreben sind. Sprünge mit niedrigerer Effizienz oder längerer Stützzeit können nicht als positiv gewertet werden, z. B.:

Stützzeit	Flugzeit	Effizienz	Bewertung
130 ms	550 ms	2,33	Individuelles Ausgangsniveau
140 ms	570 ms	2,32	Gute Lösung
120 ms	530 ms	2,34	Gute Lösung
170 ms	610 ms	2,19	Zu große Stützzeitverlängerung
110 ms	420 ms	1,60	Zu geringe Effizienz wegen zu starker Flugzeitverkürzung

Die Flugzeiten als Kriterium der Sprunghöhe sind für viele Sportarten noch nicht praktikabel. Eine Umrechnungstabelle der Flugzeiten in Sprunghöhe ist deshalb hier mit beigefügt.

Tab. 7: Umrechnung von Flugzeiten in ms in Treibhöhen in cm

Flz (ms)	TH (cm)	Flz (ms)	TH (cm)	Flz (ms)	TH (cm)
202	5	495	30	670	55
221	6	503	31	676	56
239	7	511	32	682	57
255	8	519	33	688	58
271	9	527	34	694	59
286	10	534	35	699	60
300	11	542	36	705	61
313	12	549	37	711	62
326	13	557	38	717	63
338	14	564	39	722	64
350	15	571	40	728	65
361	16	578	41	734	66
372	17	585	42	739	67
383	18	592	43	745	68
394	19	599	44	750	69
404	20	606	45	756	70
414	21	612	46	761	71
424	22	619	47	766	72
433	23	626	48	772	73
442	24	632	49	777	74
452	25	639	50	782	75
460	26	645	51	787	76
469	27	651	52	792	77
478	28	657	53	798	78
486	29	664	54	803	79

5.1.2 Diagnose der elementaren Schnelligkeit bei nichtreaktiven Bewegungsformen

Die exakte Messung der elementaren Schnelligkeit bei nichtreaktiven Bewegungen ist immer an gerätetechnische Lösungen zur Kraft- oder Beschleunigungsmessung gebunden.

Einfache Tests können jedoch grobe Aussagen liefern, die oft hinreichend sind. Es eignen sich hierzu Tests, bei denen auf relativ definiertem Beschleunigungsweg der eigene Körper oder ein Sportgerät aus der Ruhe beschleunigt werden muss. Meist ist jedoch der Zustand der Ruhe schwer zu sichern, weil es zu Auftaktbewegungen kommt.

Es können u. a. als Tests genutzt werden:

- Squat Jump (Strecksprung aus einer stabilen Ruheposition),
- Vergleich von Squat Jump und einem Strecksprung mit Auftakt und
- Kugelschocken.

Das Testresultat sind die Sprunghöhe bzw. Wurfweite.

Squat-Jump-Test

Der Squat Jump ist ein vertikaler Strecksprung aus der vollständigen Ruhe ohne Auftaktbewegung. Die Ausgangsstellung und auch die Ausführung erinnern an den Absprung beim Skispringen. Der Sportler nimmt eine Beugehaltung in den Kniegelenken nach individuellem Ermessen ein. Es sollte sich um eine mittlere Beugetiefe handeln. Die Arme befinden sich ausgestreckt hinter dem Rücken. Der Absprung erfolgt als reine Streckbewegung nach oben. Ein Sprung mit Auftakt oder deutlichem Schwungarmeinsatz darf nicht gewertet werden, weil dadurch die Muskelspannung „künstlich" erhöht wird und die Sprunghöhe ansteigt.

Abb. 19: Squat-Jump-Test

5.1.3 Diagnose der elementaren Frequenzschnelligkeit

Tappingtests

Abb. 20: Tappingtest im Liegen

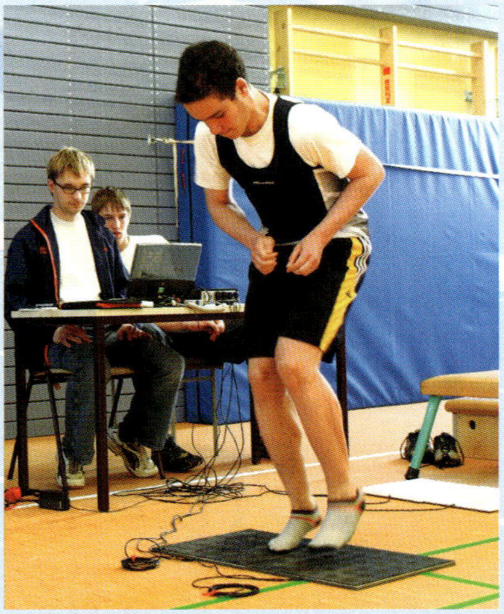

Abb. 21: Tappingtest im Stehen

Bei Tappingtests werden die Bewegungsfrequenzen kleinräumiger, alternierender Bewegungen gemessen. Mit den Händen oder Beinen müssen Kontaktplatten wechselseitig berührt werden. Die Bewegungsamplituden sollen so gering wie möglich sein und die Bewegungsfrequenzen maximal. Es gibt durch häufiges Üben dieser Bewegungen Trainingseffekte. Diese spiegeln sich in der Regel nur in der Verringerung der Hubzeiten wider. Es kommt zu einer effektiveren Bewegungsausführung mit geringeren Bewegungsamplituden. Die Kontaktzeiten bleiben jedoch meist unverändert.

Normalerweise genügt die Erfassung der Tappingfrequenzen durch spezielle Testgeräte. Unabhängig von der konkreten Bewegungsform kann beim Beintapping eine Frequenz von über 12 Hz als gut angesehen werden. Frequenzen über 14 Hz bzw. sogar 14,5 Hz gelten als ausgezeichnet. Wenn die gleichzeitige Erfassung der Kontaktzeiten möglich ist, kann man davon ausgehen, dass die Kontaktzeiten zwischen 50 und 80 ms liegen sollten.

Tab. 8: Zuordnung von erzielten Leistungen bzw. Teilleistungen zu Wertungsstufen – Testübung Tapping Beine stehend

BEWERTUNG	Tappingfrequenz	Realisierte Bodenkontaktzeit beim Tapping
Herausragende Werte:	15-17 Hz	50-70 ms
Sehr gute Werte:	13-15 Hz	70-85 ms
Gute Werte:	12-13 Hz	85-100 ms
Mittelmäßige Werte:	10-12 Hz	100-125 ms
Unterdurchschnittliche Werte:	7-10 Hz	125-160 ms

Die Frequenzen und Kontaktzeiten stehen natürlich in einem gewissen gegenseitigen Abhängigkeitsverhältnis. Den Kontaktzeiten muss die höhere Bedeutung beigemessen werden, da sie sich – wie erwähnt – sehr stabil gegenüber Trainingseinflüssen verhalten. Eine Steigerung der Frequenzen um 15 % durch gezielte Trainingsmaßnahmen scheint möglich zu sein (dadurch auch ein Aufrücken in die nächste Bewertungsstufe).

Liegen Tappingfrequenzen und Kontaktzeiten nicht in derselben Bewertungsstufe, kann indirekt auf koordinative Schwächen bzw. Stärken geschlossen werden. Die angegebenen Werte gelten für Jugendliche ab dem 14. Lebensjahr und für Erwachsene. Bei Kindern können die Normfrequenzwerte um etwa 10 % tiefer angesetzt werden (bei jedoch vergleichbaren Kontaktzeiten).

Bezüglich der kombinierten Berücksichtigung beider Leistungsparameter (Frequenz und Bodenkontaktzeit) hat sich die Berechnung eines Koeffizienten bewährt.

$$\text{Tappingkoeffizient:} \quad \frac{\text{Frequenz (Hz)}}{\text{Kontaktzeit (ms)}} \times 100$$

Tab. 9: Tappingkoeffizienz

BEWERTUNG:	Tappingkoeffizient
Herausragende Werte:	20 und mehr
Sehr gute Werte:	17,5-20
Gute Werte:	15-17,5
Mittelmäßige Werte:	12-15
Unterdurchschnittlich Werte:	8-12

5.1.4 Diagnose der elementaren Reaktionsschnelligkeit

Allgemein eignen sich zur Ermittlung der reaktionsschnellsten Sportler alle Duellspiele in Wettbewerbsform. Es kann z. B. „jeder gegen jeden" antreten oder es wird ein K.-o.-System durchgeführt, (vgl. S. 161-162).

Hier gibt es jedoch keine skalierbaren Ergebnisse. Diese benötigen in der Regel elektronische Reaktionszeitmesssysteme.

Stabfalltest

Ein einfacher, klassischer Reaktionstest ist der Stabfalltest. Dazu wird lediglich ein mit einer Zentimeterskala versehener Rundstab benötigt.

Der Unterarm des Sportlers liegt auf einer festen Unterlage auf. Der Stab befindet sich senkrecht in der fast geschlossenen Faust und wird noch durch den Testleiter gehalten. Der Stab wird nun plötzlich losgelassen und der Sportler muss ihn so schnell wie möglich greifen. Die Fallstrecke des Stabs ist in diesem Fall das Maß der Reaktionszeit.

Abb. 22: **Stabfalltest**

5.1.5 Diagnose komplexer Schnelligkeitsformen

Sprints und Frequenzsprints mit Lichtschrankenmessung

Sprintgeschwindigkeiten können wirklich exakt nicht durch eine Handstoppung mit der Stoppuhr ermittelt werden. Auch hierzu sind gerätetechnische Lösungen notwendig. Dies können Geschwindigkeitsmessgeräte auf Laserbasis oder Lichtschranken sein. Bei Sprints und Frequenzsprints muss eine Teststrecke entweder aus der Ruhe oder fliegend durchsprintet werden. Im Falle von Frequenzsprints stehen auf der Strecke in festgelegten Abständen Hindernisse als Schrittlängenbegrenzer. Die Zeit für das Durchlaufen der Teststrecke gibt Auskunft über die Schritte pro Zeiteinheit und damit über die Schrittfrequenz. Die Teststrecke sollte ca. 10 m lang sein, der Hindernisabstand kann bei Kindern ca. 1 m betragen. Die Messung der Zeit über eine so kurze Strecke muss sehr exakt erfolgen. Das ist z. B. durch Lichtschrankenmessung möglich.

Abb. 23: Minihürdensprint mit Lichtschrankenmessung

5.1.6 Ermittlung der Trainierbarkeit der reaktiven Schnelligkeit mit EMS

Ausgangspunkt für diese etwas außergewöhnliche Diagnoseform ist das Trainingsprinzip für die reaktive Schnelligkeit. Das reaktive Schnelligkeitstraining kann nur dann erfolgreich sein, wenn es unter Einsatz der Interventionsmethoden gelingt, das Ziel-Zeit-Programm zu realisieren. Da der Einsatz der Elektrostimulation als die zwingendste Interventionsform gilt, kann abgeprüft werden, ob der Sportler unter Einsatz der EMS in das kurze Zeitprogramm wechselt. Gelingt dies nicht, kann mit hoher Wahrscheinlichkeit davon ausgegangen werden, dass das kurze Zeitprogramm für ihn nicht erreichbar ist.

Die Diagnose läuft als Drop-Jump-Training mit EMS. Es werden zwei Serien mit jeweils fünf Sprüngen ausgeführt. Nach etwa einer Woche wird eine gleichartige Trainingseinheit durchgeführt. Spätestens jetzt muss das kurze Zeitprogramm, also eine Stützzeit von unter 140 ms, erreicht werden.

5.1.7 Diagnose von Ermüdung

Die Erfassung von Ermüdung erfolgt entweder in der Trainingsübung selbst durch das Verfolgen ausgewählter Schnelligkeitsparameter oder in speziellen Testübungen vor und nach Trainingsprogrammen. Während ersteres Vorgehen zum Ziel hat, die optimale Belastungsdosierung in der Trainingseinheit zu bestimmen, zielt die zweite Maßnahme auf die Kontrolle der negativen Einflüsse von Trainingsmaßnahmen außerhalb des Schnelligkeitstrainings, die sich meist erst über einen längeren Zeitraum einstellen. Ein Beispiel dafür ist die nervale Ermüdung im Zusammenhang mit extensivem Ausdauertraining. So wurde bei Schwimmern in Phasen eines sehr umfangsorientierten Trainings (z. B. in Trainingslagern) der Abfall der Tappingfrequenz festgestellt.

Dieser Abfall zeigt sich zuerst in deutlich niedrigeren Werten in einem 15-s-Test, bevor bei weiter anhaltendem extensiven Training auch die maximale Tappingfrequenz (beste Sekunde in einem 3-s-Test) abfällt. Dies geschieht jedoch erst bei sehr fortgeschrittener Ermüdung. In dieser Phase fällt die Qualität des Trainings deutlich ab, sodass eine solch weit gehende Ermüdung möglichst vermieden werden sollte.

Tab. 10: Veränderung der Tappingfrequenz unter dem Einfluss eines extensiven Ausdauertrainings (Es kommt zu einem deutlichen Abfall der Tappingfrequenz im 15-s-Test von der 8. bis zur 12. Kalenderwoche - KW -. Erst in der 14. KW sinkt auch die maximale Tappingfrequenz als Zeichen aufgestockter Ermüdung geringfügig ab.)

KW	MAX	15-s-Test		
		1.-5. s	6.-10. s	11.-15. s
8	11,0	10,8	10,7	10,2
9	11,0	10,6	9,3	9,1
12	11,2	9,9	9,6	8,5
14	10,2	9,6	8,6	8,1
16	10,1	9,3	9,5	8,2

5.2 Testbatterien in der Schnelligkeitsdiagnose

Schnelligkeitsdiagnose ist, wie man sieht, überwiegend an die Verwendung spezieller Messgeräte bzw. Gerätesysteme gebunden. Da die Tests in der Regel komplexe sportliche Leistungen untersuchen und hier nach Erscheinungsformen der elementaren Schnelligkeit suchen, spiegelt ein einzelner Test noch nicht sicher den Ausprägungsgrad dieser Schnelligkeitsform wider. Es wird der Einsatz von Testbatterien empfohlen, bei denen einerseits mehrere Tests zur gleichen Fragestellung durchgeführt werden und schlechter beherrschte Testformen kompensiert werden können. Andererseits sollen durch die Tests möglichst auch Aussagen zu mehreren Schnelligkeitsformen getroffen werden. Ein solches Testsystem stellt das TDS (Talent-Diagnose-System) dar.

5.2.1 TDS (Talent-Diagnose-System)

Die spezielle Schwerpunktsetzung der in diesem Buch dargestellten Trainings- und Diagnosekonzeptionen für die Talentdiagnose und -förderung führte zur Entwicklung eines Sportmotoriktestsystems (www.werthner.at).

Das TDS besteht aus einer speziellen Steuerungs- und Auswertungssoftware in direkter Vernetzung mit einer zweiteiligen Bodenkontaktzeitmessplatte, mit zwei Handsensorflächen, 3-5 Doppellichtschranken, einem Infrarot-Geschwindigkeitsmesssystem und einer Gleichgewichtsplatte. Diese Hard- und Softwarekonfiguration ermöglicht in anwenderfreundlicher Form die Diagnose von über 40 Parametern der Sportmotorik.

- Elementare Leistungsvoraussetzungen: z. B. maximale zyklische Bewegungsfrequenzen (Tappings) unter besonderer Berücksichtigung der Bodenkontaktzeiten; Bodenkontaktzeiten bei Drop Jumps; eindimensionale akustische und visuelle Reaktionsschnelligkeit; Basisrhythmusfähigkeit.
- Sportartübergreifende Koordinationsleistungen: standardisierte Koordinationstests unter besonderer Berücksichtigung der Leistungsfähigkeit unter Zeitdruck; Bewertung der Lernkurven bei standardisierter Testwiederholung. Beispiele: Nachvollziehen von Zeitvorgaben bei Kontaktzeitsprüngen; Anpassen an bzw. Antizipation von visuell präsentierten Rhythmen; Lösen komplexer Reaktionsaufgaben; Bewältigung dynamischer Gleichgewichtsaufgaben; Bewältigung von rhythmischen Schrittgestaltungsvorgaben bei hoher Laufgeschwindigkeit, komplexe Gewandtheit bei Hindernisläufen.

- Sportartspezifische Koordinationsleistungen z. B. für Fußball: Koordinationstests mit dem Ball unter erschwerten und veränderten Testbedingungen, z. B. Dribblings; Sprintschnelligkeit mit dem Ball; Gewandtheit mit dem Ball; Effizienz der Technik.
- Beschleunigungs-, Schnelligkeits- und Gewandtheitsleistungen (z. B. Kurzsprints; Shuttlesprints mit Seitigkeitsdiagnose; Slalomläufe, komplexer Hindernislauf).
- Sportartübergreifende und -spezifische Sprungleistungen: z. B. Kombinationssprungtest Highjump (optimierte Effizienz aus maximierter Sprunghöhe bei minimierter Bodenkontaktzeit); Analyse der Effizienz der Schwungmassen.
- Psychische Leistungsfähigkeit unter Zeitdruck.
- Sportartspezifische Ausdauerleistungen (u. a. Einbeziehung von ausdauerspezifischen Vorbelastungen zur erweiterten Interpretation der Stabilität/Ermüdungswiderstandsfähigkeit bei Schnelligkeits-/Koordinationsleistungen).

5.3 Schnelligkeitsdiagnose in Sportarten

Die wettkampfnahen Diagnoseformen können den Beginn für Veränderungen der Wettkampf- und Normsysteme liefern. Nicht Rahmentrainingspläne, sondern Wettkämpfe und Qualifikationsnormen geben vor, was trainiert wird. Eine Ausrichtung der Wettkämpfe und Normen im Nachwuchstraining auf Schnelligkeitsanforderungen wird zu drastischen Veränderungen hin zu einem schnelligkeitsorientierten Training führen.

Als mögliche zentrale Organisationsformen von Schnelligkeitsdiagnosen sollen hier einige vorgestellt werden. Abwandlungen oder Eigenkreationen sind natürlich möglich.

5.3.1 Schnelligkeitsdiagnose in der Leichtathletik

Messmehrkampf in der Leichtathletik (LG Eilenburger Land, 2006)

Der Messmehrkampf wird als Wettkampfform durchgeführt. Es werden folgende Übungen absolviert:

Test	Aussage
10 m fliegender Sprint	Sprintmaximalgeschwindigkeit
10-m-Sprint aus dem Hochstart	Sprintbeschleunigung
10-m-Minihürdenlauf (3 m Anlauf, 5 Hürden à 10 cm mit 1 m Abstand, 3 m Auslauf)	Sprintfrequenzvoraussetzungen
Drop-Jump-Test	Reaktive Schnelligkeit
Treibhöhetest	Nichtreaktive Schnelligkeit/Schnellkraft
Seilzugtest aus der Wurfauslage (Zuggeschwindigkeit bei geringem Widerstand)	Nichtreaktive Schnellkraft/ Schnelligkeit beim Wurf
Abwurfgeschwindigkeit Schlagball mit Radargerät	Nichtreaktive Schnelligkeit im Wurf
Tappingtests im Sitzen und im Stehen	Elementare Frequenzschnelligkeit
Wahlreaktionstest	Komplexes Wahlreaktionsvermögen
Reaktionstest auf ein akustisches Signal	Elementare Reaktionsschnelligkeit
Weitsprung mit effektiver Weite, Anlaufgeschwindigkeit, Absprungzeit	Sprungvermögen, Nutzung der maximalen Sprintgeschwindigkeit, Nutzung des reaktiven Zeitprogramms in der Weitsprungtechnik

Es erfolgt eine differenzierte Punktwertung nach den Voraussetzungsbereichen:

- Sprint.
- Sprungschnelligkeit/Sprungkraft.
- Frequenzschnelligkeit.
- Wurfschnelligkeit.
- Reaktionsschnelligkeit.
- Weitsprung.

Natürlich gibt es auch die Mehrkampfwertung.

Die Einzelergebnisse gestatten dem Trainer eine gute Einschätzung der Schnelligkeitsvoraussetzungen. Alle Ergebnisse sind jeweils durch mehrere Tests abgesichert.

Abb. 24: Weitsprung mit Messung der Anlaufgeschwindigkeit und der Absprungzeit

Sprung-Schnelligkeits-Mehrkampf in der Leichtathletik

Eine interessante Form einer komplexen Sprungdiagnose mit differenzierten Aussagen zu den Schnelligkeitsvoraussetzungen und deren Umsetzung stellt der Sprung-Schnelligkeits-Mehrkampf dar (Voß, 1990). Folgende Messwerte werden erhoben:

- Körpermasse, Körperhöhe.
- Drop Jump: Stützzeit, Flugzeit, Effizienz.
- Sprint über 30 m fliegend.
- Weitsprung: effektive Sprungweite, Anlaufgeschwindigkeit, Absprungzeit.
- Hockhochsprung: Sprunghöhe, Anlaufgeschwindigkeit, Absprungzeit, Absprungwinkel.
- Fünfersprunglauf aus sieben Anlaufschritten: effektive Gesamtsprungweite, Teilweiten der Einzelsprünge, Anlaufgeschwindigkeit, alle Absprungzeiten, Flugzeiten der ersten vier Teilsprünge, Geschwindigkeitsentwicklung bei den Teilsprüngen.

Es werden eingeschätzt:

- Biologisches Alter.
- Maximale Sprintgeschwindigkeit.
- Sprungleistungen.
- Absprungschnelligkeit (Zeitprogramm) und die Umsetzung in die speziellen Bewegungen.
- Nutzungsgrad der maximalen Sprintgeschwindigkeit in den speziellen Sprungformen.
- Nutzung der Anlaufgeschwindigkeit für das Sprungresultat (Sprungvermögen).

Auch hier gibt es eine Mehrkampfwertung nach einem Punktesystem.

Kindermehrkämpfe in der Leichtathletik

Da die traditionellen Sportarten ihre Wettkampfformen im Nachwuchsbereich nahezu ausschließlich an den Disziplinen der Erwachsenen orientieren, werden die kindspezifischen Voraussetzungen durch diese Wettkämpfe meist in zu geringer Form abgefordert. Deshalb entstehen immer mehr kindgemäße Wettkampfformen, in denen auch die Schnelligkeitsanforderungen stärker in den Mittelpunkt rücken. Einige konkrete Beispiele hierfür sind:

- Leichtathletik: Kinderzehnkampf Österreich (Werthner Sport Consulting, 2003) www.kinder-zehnkampf.at
- Leichtathletik: Zeit- und Kindermehrkampf in Eilenburg (LG Eilenburger Land, 2006)

Aber auch über diese bekannten Formen hinaus können ähnliche Wettkämpfe in allen anderen Sportarten durchgeführt bzw. entwickelt werden. Solche Wettkämpfe haben dann in jedem Fall auch einen Diagnosecharakter.

5.3.2 Schnelligkeitsdiagnose im Radsport

Folgende Tests werden hier beispielsweise empfohlen (Junker & Voß, 2004):

- Sechs-Sekunden-Test (maximale Trittfrequenz auf einem ungebremsten Ergometer).
- Isometrischer Maximalkrafttest mit Ermittlung der Kraftanstiege (nichtreaktive Schnelligkeit) auf einem Maximalkraftergometer.
- Wahlreaktionstest.
- Einfache Reaktion auf ein optisches und ein akustisches Signal.
- Tappingtests mit den Händen, den Füßen im Sitzen und den Füßen im Stehen.
- Drop-Jump-Test.
- Radtest über 200 m fliegend.

5.3.3 Diagnoseansätze für die elementare Schnelligkeit im Schwimmen

Im Sportschwimmen versucht man, durch die Aufnahme von Tests die Diagnose von Teilleistungen im Wettkampfprogramm (hier Pflichtmehrkampf der Jahrgangsmeisterschaften) zu ermöglichen. Leider spielen in diesem Zusammenhang die grundlegenden Schnelligkeitsvoraussetzungen nur eine untergeordnete Rolle.

Deshalb wurde vorerst zu Forschungszwecken ein Tappingtest in die bestehenden Diagnoseprogramme aufgenommen. Neben dem allgemein gebräuchlichen Test Tapping stehend erfolgte eine Anpassung an die Schwimmspezifik, indem in einem weiteren Test in liegender Position (Bauchlage) die Freistilbeinbewegung imitiert wird. Die Ergebnisse zeigen, dass Schwimmer im Mittel nur mittlere bis mäßige Ergebnisse in den Tappingtests erreichen, während ihre Wettkampfleistung höhere Bewegungsfrequenzen als im leichtathletischen Sprint erfordert. Dies ist insbesondere für den Nachwuchsbereich eine bedenkliche Feststellung. Die Adaptation an die schwimmspezifischen Bedingungen modifiziert das Ergebnis geringfügig. Einzelne Sprinter erreichen jedoch Bewegungsfrequenzen um 14 Hz, die als außergewöhnlich gut einzuschätzen sind (Witt, 2005).

5.3.4 Schnelligkeitsdiagnose im Turnen

Im Turnen wurde ein Diagnoseprogramm zur Schnelligkeitsdiagnose für die oberen und unteren Extremitäten entwickelt (Mühlbauer, Schlegel & Krug, 2006). Hier werden neben dem Drop Jump auch reaktive Bewegungsformen für die oberen Extremitäten auf einem Rollschlitten sowie Seilzugübungen zum Öffnen und Schließen des Arm-Rumpf-Winkels durchgeführt. Im Ergebnis dieser Untersuchungen werden große Unterschiede in der erreichten maximalen Bewegungsgeschwindigkeit deutlich. Diese diagnostischen Interventionen sind jedoch im Moment meist noch Forschungsvorhaben und damit einem relativ kleinen Kreis von Sportlerinnen und Sportlern vorbehalten.

5.3.5 Schnelligkeitsdiagnose im Fußball

Im Fußball existieren bisher nur Ansätze zu einer Schnelligkeitsdiagnose. Mögliche Bestandteile sollten auf alle Fälle sein:

- Drop-Jump-Test.
- Squat-Jump-Test.
- Tappingtest stehend.
- Wahlreaktionstest.
- Einfachreaktionstest optisch.
- Sprinttest über 10 m aus dem Hochstart.
- Fliegender Sprint über 10 m.
- Sprint mit Ball.
- Torschussgeschwindigkeit und -genauigkeit.
- Torschussgeschwindigkeit und -genauigkeit aus einer Spielsituation heraus.

5.3.6 Schnelligkeitsdiagnose im Handball

Im Handball verhält es sich ähnlich wie im Fußball. Es haben sich keine allgemein anerkannten Systeme durchgesetzt. Hier sollten folgende Tests auf alle Fälle enthalten sein:

- Drop-Jump-Test ggf. aus unterschiedlichen Fallhöhen.
- Squat-Jump-Test.
- Tappingtest stehend.
- Wahlreaktionstest.
- Einfachreaktionstest optisch und akustisch.
- Sprinttest über 10 m aus dem Hochstart.
- Fliegender Sprint über 10 m.
- Torwurfgeschwindigkeit und -genauigkeit beim Sprungwurf und Schlagwurf.
- Wurfimitation am Seilzuggerät bei unterschiedlichen Laststufen.

5.3.7 Schnelligkeitsdiagnose im Volleyball

Im Volleyball spielt die Sprintgeschwindigkeit nicht eine solche Rolle wie im Fußball oder Handball. Schnelle Platzwechsel sind aber auch hier spielentscheidend, vor allem im sofortigen Anschluss an andere Spielaktionen, wie z. B. einen Angriffsschlag oder eine Blockabwehr. Aus unserer Sicht sollen folgende Tests empfohlen werden:

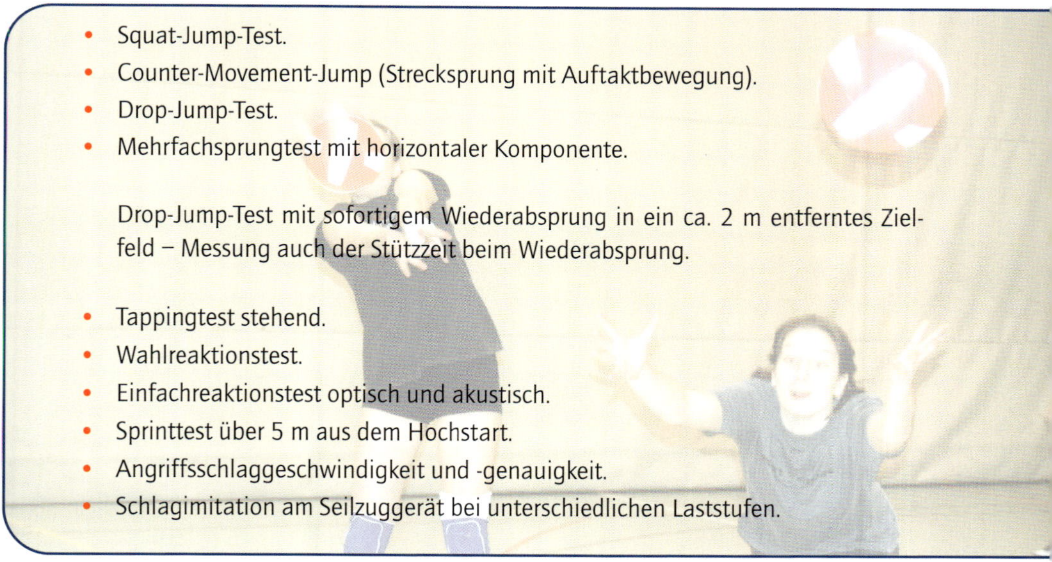

- Squat-Jump-Test.
- Counter-Movement-Jump (Strecksprung mit Auftaktbewegung).
- Drop-Jump-Test.
- Mehrfachsprungtest mit horizontaler Komponente.

  Drop-Jump-Test mit sofortigem Wiederabsprung in ein ca. 2 m entferntes Zielfeld – Messung auch der Stützzeit beim Wiederabsprung.

- Tappingtest stehend.
- Wahlreaktionstest.
- Einfachreaktionstest optisch und akustisch.
- Sprinttest über 5 m aus dem Hochstart.
- Angriffsschlaggeschwindigkeit und -genauigkeit.
- Schlagimitation am Seilzuggerät bei unterschiedlichen Laststufen.

Methodische Gestaltung des Schnelligkeitstrainings

Trainingsziel: Bewältigung des Zeitdrucks bei Bewegungen mit hohen Geschwindigkeiten.

Belastungsgestaltung:

- Geringe Wiederholungszahlen (bis 8, bei Reaktion bis 10)
- 1-6 Aktionen pro Minute
- Pausen 1-10 min

In der Übungsbeschreibung ist eine Beispielbelastung für den geübten Sportler dargestellt, sind die Abbruchkriterien (Verlassen des kurzen Zeitprogramms) erreicht, genügt auch ein geringerer Umfang.

Einordnung der Belastung am Anfang der Trainingseinheit.

Mindestabstand der Trainingseinheiten 2-3 Tage.

Belastungsblöcke zur Entwicklung mit einer Dauer von 3-4 Wochen (bis 2 TE pro Woche).

Belastungsblöcke zur Stabilisierung mit einer Dauer von 3-4 Wochen (bis 2 TE pro Woche).

Belastungsblöcke zum Erhalt mit einer Dauer von 6-8 Wochen (1 TE pro Woche).

Beachte!
Arbeitsbedingungen so wählen, dass kurze Aktionszeiten und steile Kraftanstiege realisiert werden können (überprüfen).

Bewegungsqualität geht vor Quantität.

Einsatz der Übungen auch zur neuromuskulären Erwärmung vor spezifischen Belastungen oder Wettkämpfen möglich.

Beispielprogramme:

- 3-5 Serien mit 3-6 (8) Aktionen (Einzelaktionen oder Seriensprünge); Pause 3-5 min.
- 3-8 x 3 s (in Frequenzübungen wird zusätzlich die Beschleunigungszeit benötigt), Pausen 30-90 s bei Teilkörperbewegungen, bis 10 min bei Ganzkörperbewegungen.
- Reaktionsübungen 5-10 Wiederholungen, Pause 10 s bis 2 min.
- Komplexe Sprünge bzw. Starts 4-8 Wiederholungen mit 10 min Pause.

I – A1 (elementar/azyklisch-reaktiv/Erleichterung)

Drop Jumps in der Sprungspinne

Trainingsaufgabe: Verkürzung der Bodenkontaktzeit hin zum kurzen Zeitprogramm bei gleichen oder größeren Treibhöhen.

Übungsbeschreibung: Der Sportler steht auf einer Erhöhung (Sprunghocker, Kastenteil etc.) von mindestens 20 cm und maximal 50 cm Höhe. An einem Hüftgürtel sind Gummiseile befestigt, die über dem Sportler arretiert werden. Die Übungsausführung entspricht der des Drop Jumps.

Hinweise zur Bewegungsausführung: Es wird nur eine geringe Beugung im Kniegelenk angestrebt, die Fersen schlagen nicht auf den Boden durch. Zwischen Landung und Absprung darf es keine Pause geben. Zur Orientierung auf eine kurze Stützzeit werden Metaphern eingesetzt. Der Oberkörper bleibt aufrecht, im gesamten Körper muss die Spannung gehalten werden.

Beachte!
Fallhöhe so wählen, dass Stützzeit maximal 140 ms beträgt (überprüfen).

Das Aufsteigen auf die Absprungstelle ist sehr energieintensiv und kann bei längeren Serien zu einer konditionellen Ermüdung führen!

Beispielprogramm: 2-3 x 5-8 Sprünge (P 10-20 s, SP 5 min).

I – A1 (elementar/azyklisch-reaktiv/Erleichterung) auch I – A5

Drop Jumps am Pendel (Steinsurfen)

Trainingsaufgabe: Verbesserung der Sprungkoordination durch Kombination der Beinstreckung mit einer aktiven Rumpfspannung.

Übungsbeschreibung: Der Sportler hält sich in mittlerer Rücklage (ca. 45°) mit ausgestreckten Armen am Ende (Haltegriff bzw. Ringe) eines schräg von oben kommenden Seils (Länge 5-7 m). Der gesamte Rumpf ist vorgespannt, der Körper durchgestreckt, die Füße finden ihren sicheren Halt auf einer stabilen, schräg geneigten Standfläche (90° zur Körperlängsachse). Durch ein kräftiges Abdrücken werden der Körper bzw. die Füße 30-60 cm von der Standfläche weg beschleunigt. Durch Beibehalten der vollen Körperspannung pendelt der Athlet wieder zur Ausgangsposition zurück. Hier erfolgt nun ein reaktives Abstoßen bei möglichst kurzer Stützzeit.

Hinweise zur Bewegungsausführung: Es kann sowohl mit geringer als auch mit mittlerer Beugetiefe im Kniegelenk abgestoßen werden. Die Fersen sollten nicht auf den Boden durchschlagen. Die Rumpfspannung ist entscheidend für eine exakte Bewegungsausführung.

Beachte!
Variation des Abstoßimpulses mit dem Hauptziel, Stützzeiten von 140 ms und darunter zu erreichen.

Beispielprogramm: 3-6 x 3-6 Sprünge (SP 3-5 min).

I – A1 (elementar/azyklisch-reaktiv/Erleichterung) auch I – A2

Medizinballstoßen/Partnerübung

Trainingsaufgabe: Entwicklung kurzer Zeitprogramme durch Nutzung der reaktiven Arbeitsweise der Armmuskulatur.

Übungsbeschreibung: Zwei Sportler stehen sich im kurzen Abstand gegenüber und stoßen sich leichte Wurfgeräte zu.

Hinweise zur Bewegungsausführung: Der Stoß erfolgt unmittelbar aus der Fangbewegung ohne zeitliche Verzögerung.

Einsatz von Metaphern: „Der Ball brennt, deshalb schnell wieder wegwerfen!" Es übt immer nur ein Partner aktiv!

Beachte!
Kontrastmethode mit schwereren Wurfgeräten sinnvoll.

Welches Paar schafft die meisten Ballwechsel (Zeitbegrenzung z. B. 10 s) oder welches Paar schafft eine festgelegte Anzahl von Ballwechseln (z. B. 10) in der kürzesten Zeit?

Variationsmöglichkeiten:

- Variation der Art des Wurfgeräts (Handbälle, kleine Medizinbälle, Tennisbälle, Softbälle, ...).
- Einarmige/beidarmige Würfe/Stöße.
- Wurf bzw. Stoß gegen eine Wand und den abprallenden Ball sofort selbst wieder wegstoßen – ohne Partner – dann stärker prellende Wurfgeräte verwenden!

Beispielprogramm: 3-5 x 6-8 Wiederholungen (SP 3-5 min).

I – A1 (elementar/azyklisch-reaktiv/Erleichterung) auch I – A4/A5

Beidbeinige Sprünge mit dem Sprungball

Trainingsziel: Unterstützung der Entwicklung kurzer Zeitprogramme durch Entlastung und durch eine Verbesserung des Bewegungsempfindens.

Übungsbeschreibung: Der Athlet fasst den Ball beidhändig am Griff und zieht den Ball zum Gesäß. Zeitlich genau abgestimmt zur Ballbeschleunigung sollte eine explosive Beinstreckung des Athleten erfolgen. Vor dem anschließenden Landen muss durch aktives Heranziehen der Ball wieder in die richtige Position unter den Sitzbeinhöckern gebracht werden. Die Körpermasse des Sportlers wird nun überwiegend durch die Balldämpfung abgefangen. Ein optimales Ausnutzen der Federwirkung des Balls ist jedoch nur bei einer sehr guten Abstimmung der eigenen Sprungdynamik mit den Sprungeigenschaften des Balls zu erreichen.

Beachte!

Sprungball mit Griff (Durchmesser 50-80 cm), Üben von Sprungserien am Ort und horizontal, auch in Wettbewerbsformen, z. B. als Hochsprung oder als Mehrfachsprung mit Weitenmessung.

Eine größere Ballhärte verkürzt die Absprungdauer.

Beispielprogramm: 3-6 x 6-8 Sprünge (SP 3-5 min).

I – A2 (elementar/azyklisch-reaktiv/Erschwerung) auch I – A4, II – A2, II – A4

Drop Jump mit Zusatzlast

Trainingsaufgabe: Entwicklung von Kraftvoraussetzungen unter den Bedingungen des kurzen Zeitprogramms bei reaktiven Bewegungen.

Übungsbeschreibung: Leichte Zusatzlast am Körper tragen, nicht an Armen oder Beinen. Günstig sind ein Gewichtsgürtel oder Gewichtwesten. Die Höhe der Zusatzlast richtet sich nach dem Kraftniveau. Es sollte bei Kindern zwischen 0,5 und 2,5 kg liegen.

Hinweise zur Bewegungsausführung: Schneller und prellender Absprung. Die Zusatzlast soll vor allem als Reiz zu geringeren Beugetiefen im Kniegelenk genutzt werden. Entsprechend gelten die gleichen Beobachtungspunkte wie bei den anderen Drop-Jump-Formen. Auch hier sollte eine Kontrolle von Stützzeit und Effizienz erfolgen.

Beachte!
Einsatz im Kontrast mit anderen Mitteln zur Entwicklung kurzer Zeitprogramme beim Drop Jump (z. B. Sprungspinne oder EMS).

Erhöhung der Zusatzlast so weit, wie die Übung im kurzen Zeitprogramm realisiert werden kann.

Beispielprogramm:
2 x 6 Sprünge (P 10-20 s; SP 5 min).

I – A2 elementar/azyklisch-reaktiv/Erschwerung)
auch I – A4, I – A5, II – A2, II – A4, II – A5

Drop Jump mit Zusatzlasten an den Schwungarmen

Trainingsaufgabe: Unterstützung der Ausbildung kurzer Zeitprogramme bei einer einfachen reaktiven Bewegung.

Beeinflussung der technischen Gestaltung des Schwungarmeinsatzes und des Bewegungsempfindens zum Schwungarmeinsatz.

Entwicklung von Kraftvoraussetzungen unter den Bedingungen des kurzen Zeitprogramms bei reaktiven Bewegungen.

Übungsbeschreibung: Leichte Zusatzlasten an den Handgelenken oder in den Händen. Günstig sind Kurzhanteln in den Händen oder Gewichtsmanschetten an den Handgelenken. Die Höhe der Zusatzlast richtet sich nach dem Kraftniveau und den technischen Niveau des Schwungelementeeinsatzes. Er sollte bei Kindern zwischen 0,1 und 1,0 kg je Arm liegen.

Hinweise zur Bewegungsausführung: Schneller und prellender Absprung. Die Zusatzlast an den Schwungarmen steuert den Schwungelementeeinsatz zeitlich so, dass die vertikale Schwungbeschleunigung mit Beginn des Bodenkontakts beginnt.

Beachte!
Einsatz vor allem zum Vorbeugen oder Verhindern zu großer Beugetiefen im Kniegelenk.

Kontrolle der Effizienz der Drop Jumps.

Kontrastmethode mit anderen Übungen aus I – A.

Beispielprogramm: 2 x 6 Sprünge
(P 10-20 s; SP 5 min).

I – A3 (elementar/azyklisch-reaktiv/EMS) auch: II – A3

Drop Jump mit EMS

Trainingsaufgabe: Ausbildung kurzer Zeitprogramme bei einer einfachen Bewegung. Entwicklung von Kraftvoraussetzungen unter den Bedingungen des kurzen Zeitprogramms.

Übungsbeschreibung: Beidbeinige Drop Jumps mit Stimulation beider Wadenmuskeln. Lichtschrankenhöhe ca. 25 cm, Stimulationsbeginn ca. 40 ms vor Bodenkontakt.

Hinweise zur Bewegungsausführung: Schnell und hoch abspringen, Kontrolle der Effizienz.

Füße in Fallphase anziehen, Landung auf dem Ballen, prellender Absprung, geringe Kniebeugung, kleinräumiger Armschwung.

In der Flugphase nach dem Absprung Beine gestreckt lassen bis zur erneuten Landung auf der Messmatte.

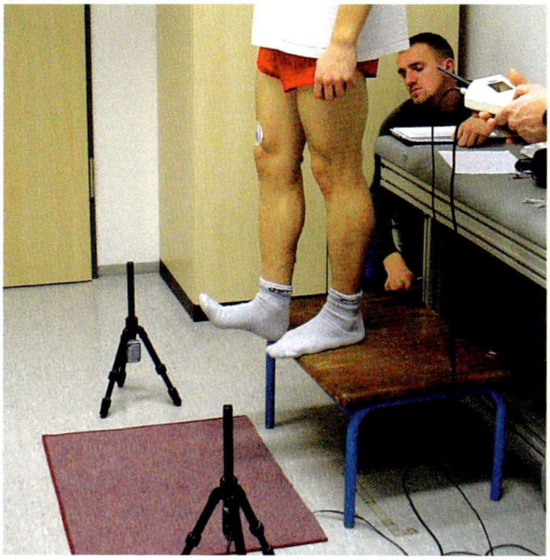

Beachte!
Gerätebedarf: Bioimpulser
(Quelle : Sportservice, 2002; www.sport-voss.de).

In oder nach der zweiten TE müssen Stützzeiten unter 140 ms, also im kurzen Zeitprogramm, realisiert werden. Steigen die Stützzeiten wieder über 140 ms an oder sinkt der EKA deutlich, ist das Training sofort abzubrechen.

- Stimulationsprogramm „Sprung", synchron, extern, mit Messung.
- Stimulationsdauer 40-60 ms, Intensität individuell verträglich.

Beispielprogramm: 1-2 x 5–8 Sprünge (P 10-20 s; SP 5 min).

I – A4 (elementar/azyklisch-reaktiv/Zwänge) auch I – A1

Einbeinige Abstöße vom Boden am Pendel

Trainingsaufgabe: Entwicklung kurzer Zeitprogramme bei reaktiven Bewegungen der Beinstreckung aus einer horizontalen Anfangsgeschwindigkeit.

Übungsbeschreibung: Der Sportler hängt mit gestreckten Armen in den Ringen oder in einem Gurt. Die Ringe werden durch den Sportler in eine Pendelbewegung versetzt. Aus dieser Pendelbewegung führt der Sportler ein aktives Auspendeln des Unterschenkels und eine aktive Streckung des Hüftgelenks aus. Aus dieser Bewegung heraus trifft der Sportler den Boden und stößt sich ab.

Beachte!
Orientierung auf eine möglichst große Amplitude des Pendels als Ausdruck einer hohen horizontalen Geschwindigkeitskomponente.

Die Wiederholungszahl ist durch die Haltekraft der Arme begrenzt. Wenn ein Gurt verwendet wird, können bis zu sechs Absprünge realisiert werden.

Variationsmöglichkeiten: Ausführung als Laufbewegung, Laufbewegung mit Absprung oder einzelner Absprung.

Beispielprogramm: 3-5 x 5-6 Pendelbewegungen (SP 5 min).

I – A4 (elementar/azyklisch-reaktiv/Zwänge)

Drop Jumps mit Begrenzung der Beugetiefe

Trainingsziel: Verkürzung des Beugewegs bei gleichzeitiger Verkürzung der Bodenkontaktzeit.

Übungsbeschreibung: Der Sportler trägt einen Hüftgürtel, an dem ein Seil befestigt ist, das sich in der gewünschten Beugetiefe spannt. Es ist somit nicht möglich, mit einem starken Einbeugen der Knie zu springen. Der beidbeinige Absprung erfolgt schnellkräftig mit der Orientierung auf eine kurze Stützzeit und große Treibhöhe.

Hinweise zur Bewegungsausführung: Es wird eine geringe Beugetiefe erreicht (Kniewinkel zwischen 160° und 140°), die Fersen schlagen nicht auf den Boden durch. Zur Orientierung auf eine kurze Stützzeit werden Metaphern eingesetzt. Der Oberkörper bleibt aufrecht, Körperspannung halten. Der Sportler soll sich nach dem Prinzip *Trial and Error* die geringen Beugetiefen erarbeiten. Zur Vermeidung harter Zugbelastungen kann das Seil an den Enden mit einem ca. 5 cm langen Gummiseil versehen werden.

Beachte!
Variation der Beugetiefe mit dem Ziel, Stützzeiten von 140 ms und darunter zu erreichen.

Beispielprogramm: 2-3 x 5-8 Sprünge (P 10-20 s; SP 5 min).

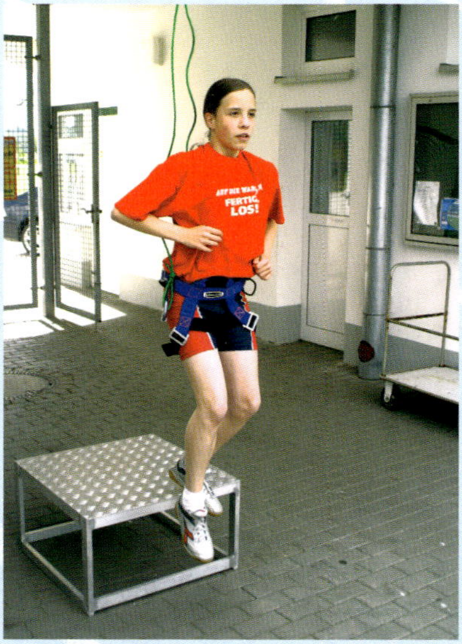

I – A5 (elementar/azyklisch-reaktiv/Sensibilisierung)

Minitrampspringen

Trainingsaufgabe: Entwicklung kurzer Zeitprogramme bei beidbeinigen reaktiven Sprungformen, insbesondere bei Vorschulkindern und im frühen Schulalter, Verbesserung der Körperspannung.

Übungsbeschreibung: Beidbeinige Sprungserien auf dem Minitramp, wobei zuerst das sichere und hohe Springen in der Mitte des Sprungtuchs erlernt werden soll. Wird dies beherrscht, dann Orientierung auf Spannung des ganzen Körpers und besonders auf das Fixieren der Kniegelenke.

Hinweise zur Bewegungsausführung: Die Kinder sollen durch regelmäßiges und freudbetontes Üben die Bewegungsaufgabe selbstständig und ohne viele Korrekturhinweise erlernen.

Beachte!

- Unterschiedliche Spannung verschiedener Sprungtücher nutzen.
- Zusatzaufgaben stellen, wenn die Sprünge sicher beherrscht werden.
- Kombination mit einfachen Hüpfformen auf einem festen Boden.

Methodische Gestaltung: Sprungserien so lange springen lassen, wie das Kind Freude an der Übung hat und abbrechen, wenn betont mit einer starken Kniebeugung gesprungen wird. Orientierung von Anfang an auf gute Körperspannung, keine Höhenorientierung verwenden.

Vorrangig im Vorschulalter und im frühen Schulalter verwenden.

I – A5 (elementar/azyklisch-reaktiv/Sensibilisierung) auch I – A1

Springen auf Federplatten

Trainingsaufgabe: Unterstützung der Ausbildung kurzer Zeitprogramme. Beidbeinige Sprünge, bei denen die Federwirkung der Absprunghilfe mit der eigenen Bewegungsausführung koordiniert werden muss. Trotz des Faktors „Erleichterung" liegt die Haupttrainingswirkung bei der Entwicklung von Bewegungsempfindungen.

Übungsbeschreibung: Die Probanden springen von Federplatte zu Federplatte, Federwirkungen der Platten erspüren. Die Absprungintensität und -richtung sind primär von der Anordnung der Geräte abhängig.

Hinweise zur Bewegungsausführung: Bei Fortgeschrittenen werden die Dämpfungs- und Federwirkungen der Platten antizipatorisch (vorausschauend) in das Absprung- und Landeverhalten einbezogen. Es sollte auf eine schnelle Ausführung des Absprungs, geringe Kniebeugewinkel, eine gute Rumpfstabilität und einen kleinräumigen und effizienten Schwungarmeinsatz geachtet werden.

Beachte!
Fallschutz beachten!

Variation durch einbeinige Ausführung und unterschiedlich stark federnde Platten.

Sprünge auf nur eine Platte bzw. vom Boden auf eine Platte und zurück, auch mit Kurzhanteln.

Beispielprogramm: 3-5 x 6–8 Sprünge (SP 5 min).

I – A 6 (elementar/azyklisch-reaktiv/Metapher)

Springen wie ein Flummiball

Trainingsziel: Bahnung kurzer Zeitprogramme durch die bewusste Vorstellung eines reaktiv-dynamischen Bewegungsverhaltens außergewöhnlich elastischer Materialien und bewusstes Imitieren dieser Sprung- bzw. Materialeigenschaften.

Übungsbeschreibung: Beobachten des Absprungverhaltens von Vollgummibällen bzw. Sprungbällen, gedankliche Einbeziehung der Zeitkomponenten des beobachteten außergewöhnlichen Sprungverhaltens in das eigene Zeitprogramm beim Drop Jump und Versuch der praktischen Umsetzung der reaktiven Zeitkomponenten des beobachteten Sprungverhaltens des Balls bei eigenen reaktiven Sprüngen.

Hinweise zur Bewegungsausführung: Mehrere Drop Jumps in Serie springen. Dabei auf kürzeste Bodenkontaktzeiten, reaktive Wadenarbeit, gute Körperspannung und zeitlich optimierten Schwungmasseneinsatz achten.

Mögliche Metapher:
„Springe wie ein Flummi!"
„Wegspringen, bevor du landest!"
„Landung und Absprung sind eins!"
„Boden ist eine heiße Herdplatte!"

Methodische Gestaltung: Exemplarischer Einsatz im reaktiven Sprungtraining.

Sprungverhalten des Flummis immer wieder demonstrieren.

Die besondere Eigenschaft des Flummis, „elastische Härte", auf die eigenen Muskeln übertragen, später nur mit Metaphern arbeiten.

I – B1 (elementar/azyklisch-nichtreaktiv/Erleichterung) auch II – B1

Beidbeinige Abstöße von der Wand am Pendel

Trainingsaufgabe: Entwicklung kurzer Zeitprogramme bei nichtreaktiven Bewegungen der Beinstreckung unter Entlastung des Körpergewichts in Kombination mit einer aktiven Rumpfspannung.

Übungsbeschreibung: Der Sportler wird mit einem Hüftgurt an einem Pendel (Ringe) befestigt. Die Absprünge werden aus der Ruhe als „Squat Jump" oder als „Counter-Movement-Jump" ausgeführt.

Hinweise zur Bewegungsausführung: Der Oberkörper ist leicht angehoben, der gesamte Körper gestreckt.

Beachte!
Orientierung auf eine möglichst große Amplitude des Pendels als Ausdruck einer hohen Abstoßgeschwindigkeit.

Übung simuliert in idealer Weise die Abstöße von der Beckenwand im Schwimmen.

Variationsmöglichkeiten:

- Arme fix am Körper oder in Verlängerung des Rumpfs.
- Kombination mit einer Armbewegung in Abstoßrichtung.
- Fixierung des Sportlers an den Ringen durch einfachen Hammergriff.

Beispielprogramm: 3-5 x 5-6 Pendelbewegungen (SP 5 min).

I – B1 (elementar/azyklisch-nichtreaktiv/Erleichterung) auch I – D1, II – D1

Squat Jump mit Körpergewichtsentlastung

Trainingsaufgabe: Entwicklung eines explosiven Bewegungsbeginns durch Entlastung in tiefster Beugeposition.

Übungsbeschreibung: Der Squat Jump ist ein Strecksprung aus einer mitteltiefen Kniebeugung ohne Auftaktbewegung. Die Sprunghöhe wird vor allem durch eine schnelle und hohe Kraftentfaltung beim Absprung bestimmt. Der Sportler wird durch Gummiseile, die über ihm befestigt sind, in dieser Position entlastet.

Hinweise zur Bewegungsausführung: Die Absprünge erfolgen explosiv und mit schneller Kniestreckung, mit dem Ziel einer maximalen Sprunghöhe. Zur Entwicklung der Reaktionsschnelligkeit kann jede Variante dieser Übung auf Kommando ausgeführt werden. Es sollte dann die Reaktionszeit kontrolliert werden, z. B. über eine Lichtschranke.

Kombination mit anderen Aufgaben möglich, z. B. Aufsprung auf Kasten oder über Hürden möglich.

Beachte!

Gerätebedarf:

- Gummiseile bzw. Sprungspinne.
- Sprunghöhen- bzw. Reaktionszeitmessgerät.
- Variation der Zugspannung des Gummiseils möglich.

Beispielprogramm: 4-6 x 6-8 Sprünge (P 10-20 s, SP 5 min).

I – B1 (elementar/azyklisch-nichtreaktiv/Erleichterung) auch II – B1, I – D1

Wurfübungen mit Zugentlastung

Trainingsaufgabe: Verringerung der Abwurfzeit bei eingelenkigen oder einfachen mehrgelenkigen Wurfbewegungen, Entwicklung des aktiven Abbremsens der Wurfbewegung.

Übungsbeschreibung: Wurfübung aus dem Umkehrpunkt der Ausholbewegung/der Wurfauslage mit einer Zugunterstützung durch manuellen Zug oder Gummiseil. Ziel ist es, die Abwurfbewegung insgesamt mit einer höheren Geschwindigkeit auszuführen.

Hinweise zur Bewegungsausführung: Die Wurfbewegung muss technisch „sauber" ausgeführt werden. Insbesondere sollte auf eine Stabilisierung des Oberkörpers geachtet werden. Rückinformation über Abwurfgeschwindigkeit bzw. Wurfweite geben, Variation der Wurfgeräte und der Massen möglich.

Beachte!

Gerätebedarf:

Zugleine mit Flaschenzug sowie Gummiseil.

Beginn mit geringer Zugunterstützung, dann langsam steigern (Verletzungsprophylaxe für die Abbremsbewegung).

Beispielprogramm: 2-3 x 5-8 Würfe (P ca. 15 s, SP 5 min).

I – B2 (elementar/azyklisch-nichtreaktiv/Erschwerung)
auch I – B4, I – D2, II – B2, II – B4

Squat Jump (SJ) oder Counter-Movement-Jump (CMJ) mit Zusatzlast

Trainingsaufgabe: Entwicklung der Kraftvoraussetzungen unter den Bedingungen kurzer Zeitprogramme bei nichtreaktiven Bewegungen.
Entwicklung der Reaktionsschnelligkeit.

Übungsbeschreibung: Der Squat Jump ist ein Strecksprung aus einer mitteltiefen Kniebeugung ohne Auftaktbewegung. Beim Counter-Movement-Jump erfolgt der Sprung mit einer Auftaktbewegung aus dem Stand. Der Sportler trägt eine leichte Zusatzlast am Körper (Gewichtsgürtel oder -weste), nicht an Armen oder Beinen. Die Höhe der Zusatzlast richtet sich nach dem Kraftniveau – bei Kindern 0,5-2,5 kg. Zur Entwicklung der Reaktionsschnelligkeit kann jede Variante dieser Übung auf Kommando ausgeführt werden (Kontrolle!).

Hinweise zur Bewegungsausführung: Schneller und explosiver Absprung. Die Zusatzlast soll vor allem als Reiz dazu dienen, geringere Beugetiefen im Kniegelenk zu nutzen.

Beachte!
Variation der Zusatzlast, auch im Wechsel mit Entlastung und normaler Bewegungsausführung (Kontrastmethode).

Beispielprogramm: 2-4 x 6-8 Sprünge (P ca. 15 s, SP 5-8min).

I – B2 (elementar/azyklisch-nichtreaktiv/Erschwerung)

Wurfübungen am Seilzuggerät

Trainingsaufgabe: Ansteuerung der für die Endbeschleunigung bei Wurfbewegungen einzusetzenden Muskelgruppen.

Übungsbeschreibung: Der Sportler steht mit dem Rücken zu einem Seilzuggerät. Die Widerstandserzeugung erfolgt mithilfe einer Wirbelstrombremse. Mit einer Auftaktbewegung versetzt der Sportler die Wirbelstrombremse in Rotation, dieser Auftaktbewegung folgt eine maximal schnellkräftige Abwurfbewegung. Dabei muss der Sportler im hinteren Umkehrpunkt der Bewegung die Hand maximal beschleunigen, um einen aktiven Bewegungswiderstand spüren zu können. Dieser Bewegungswiderstand vergrößert sich im mittleren Zugteil.

Hinweise zur Bewegungsausführung: Für eine korrekte Bewegungsausführung ist der koordinierte Einsatz der Rumpfmuskulatur notwendig.

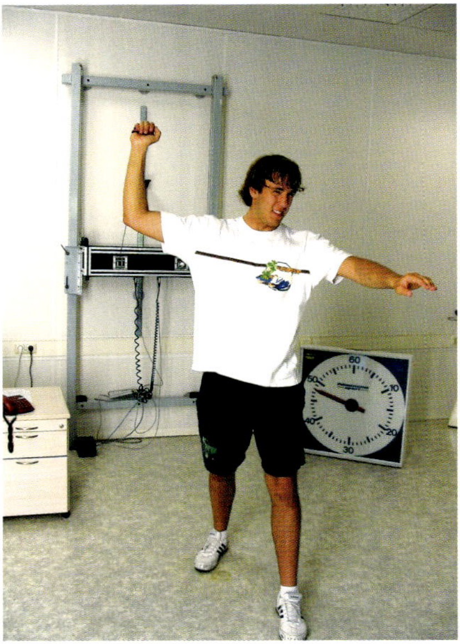

Beachte!

- Variation des Widerstandes am Anfang, in der Mitte oder am Ende der Bewegung, auch im Wechsel.
- Rückinformation über die Leistung und maximale Geschwindigkeit.

Beispielprogramm: 2-3 x 5-6 Züge (SP 3-5 min).

Wenn der Schwerpunkt in der Verbesserung der Ansteuerung liegt, erfolgt die Einordnung am Anfang der Trainingseinheit, bei einem Konditionierungsziel auch im zweiten Teil (dann wird die Pause zwischen den Serien auf 2-3 min verkürzt und das Gesamtprogramm 2-3 x durchgeführt).

I – B3 (elementar/azyklisch-nichtreaktiv/EMS) auch I – D3, II – B3, II – D3

Squat Jump (SJ) oder Counter-Movement-Jump (CMJ) mit EMS

Trainingsaufgabe: Simulation einer maximalen Rekrutierung und Synchronisierung von motorischen Einheiten am Bewegungsbeginn.
Entwicklung der Reaktionsschnelligkeit.

Übungsbeschreibung: Der Squat Jump ist ein Strecksprung aus einer mitteltiefen Kniebeugung ohne Auftaktbewegung. Beim Counter-Movement-Jump erfolgt der Sprung mit einer Auftaktbewegung. Stimulation wird auf die Kniestreckmuskulatur appliziert. Die Triggerung erfolgt über eine Triggerstartklappe, die gleichzeitig das Startsignal für den Absprung ist. Beim CMJ auch mit manueller Triggerung.

Hinweise zur Bewegungsausführung: Schneller und explosiver Absprung. Orientierung auf nicht zu große Beugetiefen im Kniegelenk, um auf dem kurzen Beschleunigungsweg eine hohe Rekrutierungsrate der Muskelfasern zu erreichen.

Beachte!

- Gerätebedarf: Bioimpulser.
  (Quelle : Sportservice, 2002; www.sport-voss.de).
- Variation der Stimulationsparameter.
- Kombination mit dem Einsatz von Zusatzlasten möglich.
- Stimulationsprogramm „Sprung", synchron, extern.
- Stimulationsdauer 60-80 ms, Intensität individuell verträglich.

Beispielprogramm: 2-3 x 5-8 Sprünge (P 30 s, SP 5-8 min).

I – B3 (elementar/azyklisch-nichtreaktiv/EMS) auch I – D3

Eingelenkige Wurfübungen mit EMS

Trainingsaufgabe: Simulation einer maximalen Rekrutierung und Synchronisierung von motorischen Einheiten am Beginn der Armstreckung.

Übungsbeschreibung: Die Übungsausführung erfolgt im Sitzen oder Stehen, Ellbogen neben dem Kopf in Vorhalte. In der Hand ein beliebiges Wurfgerät, z. B. Tennisball. Die Stimulation wird auf den Ellbogenstrecker (M. triceps brachii) appliziert. Auf das Startkommando für die Bewegung erfolgt zeitgleich die Stimulation, ggf. ca. 80 ms Verzögerung.

Hinweise zur Bewegungsausführung: Die Bewegungsaufgabe besteht in der Ausführung eines aktiven und explosiven Abwurfs mit maximaler Wurfweite. Die EMS dient lediglich der Unterstützung der Arbeit der Muskulatur.

Beachte!

- Gerätebedarf: Bioimpulser.

  (Quelle : Sportservice, 2002; www.sport-voss.de).

- Variation der Stimulationsparameter.
- Kombination mit dem Einsatz von Zusatzlasten möglich.

- Variation der Wurfgewichte.
- Stimulationsprogramm „Sprung", synchron, extern.
- Stimulationsdauer 60-80 ms, Intensität niedrig.

Einsatz der Stimulation kann auch bei der Unterarmschleuder in einer komplexeren Wurfübung durch manuelle Triggerung des Trainers erfolgen (hohe Konzentration des Trainers erforderlich).

Beispielprogramm: 2-4 x 5-8 Würfe (P 20–60 s, SP 5 - 8 min)

I – B4 (elementar/azyklisch-nichtreaktiv/Zwänge)

Drehen eines Rades

Trainingsaufgabe: Maximale Beschleunigung eines Rades durch schnelle Handbewegungen.

Übungsbeschreibung: Der Sportler versucht, das Vorderrad eines Fahrrades maximal zu beschleunigen.

Hinweise zur Bewegungsausführung: Je schneller sich das Rad dreht, desto schwerer fällt eine weitere Beschleunigung. Nur wenn es dem Sportler gelingt, eine sehr hohe Handgeschwindigkeit zu realisieren, kann auch die Geschwindigkeit des Rades maximiert werden.

Beachte!

- Es wird einarmig geübt.
- Wechsel auf die nicht dominante Hand verbessert den Trainingseffekt.
- Mit einem angeschlossenen Fahrradcomputer kann eine Rückinformation über die maximale Radgeschwindigkeit gegeben werden.

Beispielprogramm:
5-10 x bis zur Höchstgeschwindigkeit drehen (P 1-2 min).

I – B4 (elementar/azyklisch-nichtreaktiv/Zwänge) auch I – A1, II – A1, II – A4

Rollerfahren

Trainingsaufgabe: Übertragung kurzer, azyklisch-nichtreaktiver Zeitprogramme auf horizontale Lauf- und Sprungformen.

Forcierter Einsatz der Hüftstreckung.

Übungsbeschreibung: Nach einer ersten lockeren Beschleunigungsphase – auch bergab – und dem Erreichen einer hohen Rollgeschwindigkeit (30-50 km/h) versucht der Athlet, den Tretroller über eine Strecke von 20-40 m (6-8 x Treten) weiter zu beschleunigen.

Hinweise zur Bewegungsausführung: Mit dieser Übung kann eine kombinierte Wirkung in Richtung kurzer und ziehender Fußaufsatz entwickelt werden (Fußaufsatz ganze Sohle oder Ballen). Ein hohes Fahrtempo auf einem Roller führt beim einbeinigen Treten zu einer räumlichen und zeitlichen Zwangsbedingung. Eine effiziente Beschleunigung kann nur mittels einer ziehenden Bewegung über die Hüftstreckung erfolgen (dazu auch Gewichtsmanschetten einsetzen). Sie muss bei hohen Geschwindigkeiten und Körpergewichtsentlastung in äußerst kurzer Zeit (unter 100 ms) realisiert werden.

Beachte!

- Einen der Körpergröße angepassten Roller mit guten Rolleigenschaften benutzen.
- Auf Kunststoffbahn mit Spikes leicht bergab (zeitorientiert), leicht bergauf (kraftorientiert).

Beispielprogramm: 3–6 x 25- 40 m (P 4–8 min für gleiches Bein)

I – B5 (elementar/azyklisch-nichtreaktiv/Sensibilisierung)

Vertikalsprünge von unterschiedlichen Böden

Trainingsaufgabe: Verbesserung der speziellen Koordination bzw. des Sprunggefühls.

Übungsbeschreibung: Ein- und beidbeinige Absprünge, Squat Jumps und Counter-Movement-Jumps mit überwiegender Vertikalorientierung bei dauernd veränderten Böden (unterschiedliche Härten und Dämpfungseigenschaften). Wechsel des Bodenbelags von Sprung zu Sprung.

Hinweise zur Bewegungsausführung: Vielfältige Anforderungen stellen, wie z. B. unterschiedliche Sprunghöhe/-weite, Absprungrichtung, Schwungarmeinsatz, Tempi.

Beachte!

- Barfuß üben.
- Ca. 8-12 unterschiedliche Matten und Untergründe verwenden.

Beispielprogramm: 2-4 x 8 Sprünge (SP 2-3 min).

I – B6 (elementar/azyklisch-nichtreaktiv/Metapher)

Explosives beidbeiniges Hochspringen (Explosion)

Trainingsaufgabe: Bei einer Explosion wird schlagartig eine große Menge an Energie freigesetzt. Diese Metapher wird verwendet, um die Dynamik der Streckbeschleunigung bei Vertikalsprüngen zu vermitteln.

Übungsbeschreibung: Aus einer tiefen Kniebeuge wird mit höchstem Willenseinsatz und individuell maximaler Muskelverkürzungsgeschwindigkeit und Koordination„explosiv" in vertikaler Richtung hochgesprungen. Unterstützung durch Betrachtung von Fotos bzw. Videos.

Hinweise zur Bewegungsausführung: Auf eine komplette Streckung des Körpers achten.

Beispielprogramm: 6-10 Einzelsprünge (P 10-30 s).

I – B6 (elementar/azyklisch-nichtreaktiv/Metapher)

Verzögertes Abspringen (Frosch)

Trainingsaufgabe: Der Frosch erreicht körpermassebezogen sehr hohe Absprunggeschwindigkeiten. Diese Bewegungsqualität wird als Metapher für einen schnelligkeitsoptimierten Absprung eines Menschen aus einer tiefen Kniebeuge verwendet.

Übungsbeschreibung: Vertikal orientiertes, beidbeiniges Abspringen aus tiefer Kniebeuge mit der Orientierung auf eine hohe Endbeschleunigung. Dazu Betrachtung von Fotos (Absprung eines Froschs) bzw. Vorstellung der Absprungdynamik eines Froschs.

Hinweise zur Bewegungsausführung: Zeitlich zur Streckbewegung der Beine abgestimmtes Abbremsen der Schwungmassen.

Beachte!
Variation der Absprungwinkel und Einsatz von Kurzhanteln möglich.

Beispielprogramm: 6-10 Einzelsprünge (P 10-30 s).

I – C1 (elementar/zyklisch/Erleichterung)

Freistilkickbewegung für Schwimmer

Trainingsziel: Erarbeitung und Konditionierung einer hohen Bewegungsfrequenz in der Freistilbeinbewegung von Schwimmern.

Übungsbeschreibung: Der Sportler liegt in Bauchlage bis zum Oberschenkel auf einer dünnen Matte. Die Handflächen befinden sich auf der Matte, die Stirn liegt auf dem Boden oder der Kopf wird leicht angehoben (kein Hohlkreuz). Es wird eine Imitation der Freistilbeinbewegung ausgeführt, dabei berührt der Fußrist leicht den Boden. Die Bewegung beginnt im Hüftgelenk, die Kniebeugung ist nur gering. Das Kniegelenk berührt im gesamten Bewegungsverlauf nicht den Boden.

Hinweise zur Bewegungsausführung: Es ist auf eine gute Rumpfspannung im gesamten Bewegungsverlauf zu achten. Der Sportler ist auf den Wechsel von Anspannung und Entspannung der beteiligten Muskulatur zu orientieren.

Beachte!
Mithilfe einer Bodenkontaktmatte (z. B. Handplatten des TDS-Systems) und einer entsprechenden Messeinrichtung kann die Tappingfrequenz erfasst werden.

Beispielprogramm: 3 x 3-5 x 3 s (P 30-90 s, SP 3-5 min).

Verkürzte Serien sind ganzjährig als Erinnerungsreize möglich.

I – C1 (elementar/zyklisch/Erleichterung) auch H1

Tappingvarianten für die Beine unter Entlastung

Trainingsaufgabe: Entwicklung kurzer Zeitprogramme beim Tapping der Beine durch Realisierung höchster Tappingfrequenzen in entlasteter Hängeposition bei gleichzeitiger Entwicklung der Rumpfspannung und der Ganzkörperkoordination.

Übungsbeschreibung: Ausgangsposition: Der Sportler hält sich in mittlerer Rücklage (ca. 45°) mit ausgestreckten Armen am Ende (Haltegriff bzw. Ringe) eines schräg von oben kommenden Seils. Der gesamte Rumpf ist vorgespannt, der Körper durchgestreckt, die Füße finden ihren sicheren Halt auf einer stabilen, schräg geneigten Standfläche (90° zur Körperlängsachse). Durch abwechselndes, minimales Lösen der Füße von der Bodenfläche wird das Erreichen von hohen bis supramaximalen Tappingfrequenzen angestrebt.

Hinweise zur Bewegungsausführung: Die Hubhöhen müssen trotz der Entlastung gering gehalten werden.

Beachte!

- Freie Ringe in der Turnhalle und einen Kasten als Widerlager oder Anordnung wie beim Steinsurfen nutzen (Übung I – A1).
- Variation durch Veränderung der Rücklage und des Fußaufsatzes (Ballen, ganzer Fuß, Ferse).

Beispielprogramm:
6-8 x 3 s (P 30-90 s).

I – C1 (elementar/zyklisch/Erleichterung) auch I – A1

Tapping stehend unter Körpergewichtsentlastung

Trainingsaufgabe: Entwicklung höchster Tappingfrequenzen im Stehen, wobei der Akzent auf einer Verkürzung der Kontaktzeiten am Boden liegt.

Übungsbeschreibung: Tapping stehend in der Sprungspinne oder durch Abstützen mit den Händen zwischen zwei Tischen oder Kästen, im Barren oder an der Sprossenwand. Nutzung der Entlastung zur Realisierung kurzer Kontaktzeiten.

Hinweise zur Bewegungsausführung: Die Hubhöhen müssen trotz der Entlastung gering gehalten werden. Dazu ist das Absenken der Beine sehr aktiv auszuführen, Fußgelenke festmachen. Kontrolle von Tappingfrequenz (> 14,5 Hz) und Hub- sowie Kontaktzeiten (< 70 ms).

Beachte!

- Höhe der Entlastung individuell erproben.
- Als Kontrastmethode einsetzen, auch Frequenzvorgaben.

Beispielprogramm: 3 x 5 x 3 s (P 30-60 s, SP 3-5 min).

I – C2 (elementar/zyklisch/Erschwerung) auch I – C4, I – C5

Frequenzübungen mit Gewichtsmanschetten

Trainingsaufgabe: Entwicklung zyklischer kurzer Zeitprogramme, wobei der Schwerpunkt auf der Ansteuerung zur Verbesserung der Bewegungsumkehr liegt.

Übungsbeschreibung: An den Armen oder Füßen werden Gewichtsmanschetten von 0,1-1,0 kg Masse straff befestigt, sodass sie durch die schnellen Bewegungen nicht verrutschen können. Die Bewegungsamplitude wird durch den Einsatz von kleinen Hindernissen gegenüber der reinen Tappingbewegung vergrößert.

Hinweise zur Bewegungsausführung: Die Zusatzlasten an den Beinen fördern vor allem eine aktive Brems- und Beschleunigungsarbeit in der Bewegungsumkehr bei jeder Einzelbewegung. Das Mittel wirkt vor allem auf die Verkürzung der Hubzeit.

Beachte!
Zum Einsatz als Kontrastmethode sehr gut geeignet, jedoch immer drei Durchgänge mit Belastung durchführen, auch Frequenzvorgabe.

Variation: Last nur an einem Bein oder Bein/Arm, dann kontralateral einsetzen.

Beispielprogramm: 5-10 x 3 s (P 30-90 s).

I – C2 (elementar/zyklisch/Erschwerung) auch I – C1

Frequenzübungen am Handkurbelergometer

Trainingsziel: Entwicklung hoher Frequenzen für die oberen Extremitäten.

Übungsbeschreibung: Der Sportler steht oder sitzt vor einem Handkurbelergometer. Er beschleunigt die Wirbelstrombremse und auf Kommando versucht er, eine maximale Frequenz zu erreichen.

Hinweise zur Bewegungsausführung: Der Oberkörper sollte aktiv stabilisiert werden, deshalb ist die stehende Variante zu bevorzugen. Starke Schwankungen des Oberkörpers sind unbedingt zu vermeiden! Die Bewegung sollte „rund" laufen.

Beachte!

- Die Beschleunigungsphase ruhig gestalten.
- Rückinformation über die erreichte Umdrehungszahl (hohe Werte liegen zwischen 180 und 200 Umdrehungen pro Minute).
- Variation des Bremswiderstandes oder Erreichen der maximalen Frequenz mehrmals in einem Versuch.

Beispielprogramm: 5-10 x 3 s (P 30-90 s).

Einsatz auch als Imitationsübung ohne Gerät möglich.

I – C3 (elementar/zyklisch/EMS)

Folgen einer Frequenzvorgabe durch EMS, Tapping- oder Kurbelbewegungen

Trainingsaufgabe: Entwicklung hoher Bewegungsfrequenzen bei mehr oder weniger kleinräumigen Bewegungen mit Elektrostimulation.

Übungsbeschreibung: Einfache elementare Frequenzübungen am Ort werden mit Stimulation der Hub- oder der Bremsmuskulatur durch Elektrostimulation ausgeführt. Es eignen sich verschiedene Tappingformen, Kurbelbewegungen der Arme oder Beine u. Ä.

Hinweise zur Bewegungsausführung: Es soll mit relativ niedrigen Frequenzen begonnen werden, Frequenzerhöhung, solange der Vorgabefrequenz gefolgt werden kann. Bei Erreichen der Grenzfrequenz versuchen, in den letzten zwei Sekunden jeder Serie eine leicht höhere Frequenz zu realisieren.

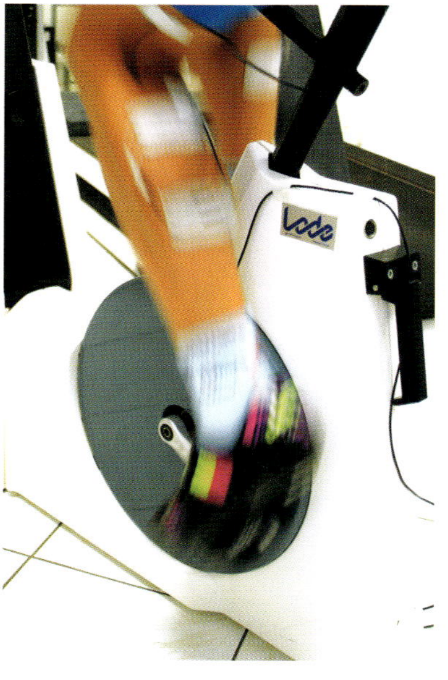

Beachte!

- Variation der Frequenz im Bereich des Maximums, auch immer wieder submaximale Frequenzen ansteuern.
- Wechsel zwischen freier Ausführung und Ausführung mit EMS-Vorgabe.
- Stimulationsprogramm asynchron-extern, Ablauf-zyklisch, Dauer-20 ms; Triggerung über externen Frequenzgenerator oder bewegungsinduziert.

  (Quelle : Sportservice, 2002; www.sport-voss.de).

Beispielprogramm: 5-10 x 3 s (P 3-5 min).

I – C4 (elementar/zyklisch/Zwänge)

Hochfrequentes Ballprellen

Trainingsaufgabe: Entwicklung des kurzen zyklischen Zeitprogramms der Arme, Koordination unter Zeitdruck.

Übungsbeschreibung: Ein stark aufgepumpter Ball mit guten Sprungeigenschaften wird mit einer Hand hochfrequent gegen den Boden bzw. gegen eine Wand geprellt. Der Abstand zur Abprellfläche sollte möglichst gering sein. Bei Fortgeschrittenen sind Amplituden um die 5 cm realisierbar.

Hinweise zur Bewegungsausführung: Es kann in unterschiedlichen Sitz-, Steh- und Liegepositionen geübt werden. Dazu verschiedene Bälle verwenden.

Beachte!

Gerätebedarf:

- Basketball, Handball, Gymnastikball, kleiner Gummiball, Tennisball usw.
- Auch: Prellen eines TT-Balls mit einem TT-Schläger.

Beispielprogramm: 4-6 x 3-6 s pro Hand (P 20-30 s).

I – C4 (elementar/zyklisch/Zwänge)

Frequenzsprint mit Partnerzugunterstützung

Trainingsaufgabe: Supramaximale Frequenzen und minimal kurze Bodenkontaktzeiten bei zyklischen Laufbewegungen mit geringer Bewegungsamplitude.

Übungsbeschreibung: Mithilfe einer Partnerzugunterstützung (zwei Partner laufen außerhalb mit und ziehen am linken und rechten Arm) wird aus einer Beschleunigungsphase von 3-4 m ein Frequenzsprint gelaufen. Die Schrittlänge ist durch Markierungen begrenzt. Jeweils ein Bodenkontakt in jedem freien Feld sollte korrekt absolviert werden. Bei hohem Zugtempo können Bewegungsfrequenzen zwischen 6 und 10 Hertz realisiert werden.

Hinweise zur Bewegungsausführung: Die Partner können über die Handhaltung und ihren Zugwinkel sowohl eine horizontale Zugunterstützung, eine vertikale Entlastung und eine Körperlagenstabilisierung herbeiführen.

Beachte!

Gerätebedarf:

- Rhythmusleiter (Abstand 40-100 cm, Breite mindestens 50 cm), Rhythmusgitter, aufgelegte bzw. aufgeklebte Markierungshilfen, z. B. Sprungseile, Minihürden, Schaumgummiblöcke.

Variation der Schrittlängen, des Fußaufsatzes und der Körperhaltung.

Beispielprogramm:
3-8 x 3-4 s (8-15 m) (P 2-4 min).

I – C4 (elementar/zyklisch/Zwänge) auch II – C4

Frequenzsprints mit Beinfessel

Trainingsaufgabe: Entwicklung höchster Bewegungsfrequenzen der Beine, wobei der Akzent auf kleineren Bewegungsamplituden liegt.

Übungsbeschreibung: Die Füße werden mit kurzen Gummiseilen zusammengebunden. Mit maximaler Dehnung der Gummiseile dürfen noch keine normal langen Schritte zu Stande kommen. Mit diesen „Fußfesseln" werden Sprints ausgeführt. Dabei eignen sich vor allem Sprints gegeneinander oder mit Zeitkontrolle. Durch die Länge der Fußfesseln können Handicaps gesetzt werden, um Leistungsunterschiede zwischen den Sportlern weitestgehend zu neutralisieren.

Hinweise zur Bewegungsausführung: Anfangs auf dem Rasen sprinten lassen, um die Sturzangst abzubauen.

Beachte!

Gerätebedarf:

- Verschieden lange „Fußfesseln" zur Variation der Länge und Spannung der Fesseln.
- Einsatz auch zur Übertragung kurzer Zeitprogramme bei der Frequenzschnelligkeit auf den leichtathletischen Sprint.

Beispielprogramm: 5-10 x 10-30 m (P 3-5 min).

I – C4 (elementar/zyklisch/Zwänge) auch I – A4

Gittersprint

Trainingsaufgabe: Entwicklung des kurzen Zeitprogramms bei einer einfachen Schrittfolge. Verbesserung der zyklischen Schnelligkeit, Verkürzung der Bodenkontaktzeiten und Verbesserung der Koordination unter Zeitdruck.

Übungsbeschreibung: Nach einem optimal langen Beschleunigungsweg (3-8 m) wird mit höchster Frequenz eine 20 cm hohe Hindernisbahn (Gitter aus Gummistäben) mit vorgegebenen Zielfeldern (Fußlandeflächen) rhythmisch durchlaufen. Sowohl für die linken als auch die rechten Bodenkontakte sind quadratische Zielbereiche (50 x 50 cm) vorgegeben. Die sinnvolle Länge der Bahn ist abhängig von der koordinativ umsetzbaren Bewegungsgeschwindigkeit (zwischen acht und 16 Felder in etwa 3-5 s).

Hinweise zur Bewegungsausführung: Die Hubhöhe der Füße/Knie soll nur knapp höher als die Höhenvorgabe sein.

Beachte!

- Variation des Bewegungsspielraums der Arme, des Fußaufsatzes (Ballen, ganze Sohle, Ferse) oder der Körperposition (aufrecht, leichte Kniebeugeposition).
- Einsatz von Gewichtsmanschetten an Armen und Füßen.

Beispielprogramm: 4-6 Sprints über 3-5 s (P 2-4 min).

Beispiel für diese Übung in einem Motorikpark

I – C4 (elementar/zyklisch/Zwänge) auch I – D4, I – D5

Reaktionsspiel mit der Stoppuhr: Start-Stopp-Zeit

Trainingsaufgabe: Training der Aktionsschnelligkeit bei kleinräumigen Bewegungen – Spezialübung für die Verbesserung der Tappingfrequenz.

Übungsbeschreibung: An einer Stoppuhr selbstständig die Uhr starten und so schnell wie möglich wieder anhalten. Beachten, dass es sich um keine echte Reaktionsübung handelt, sondern eher um eine „Aktionsübung" – es wird eher der Einzelzyklus kleinräumiger Frequenzen trainiert.

Hinweise zur Bewegungsausführung: Umfänge können so hoch sein, dass sich die „Reaktionszeiten" nicht verschlechtern.

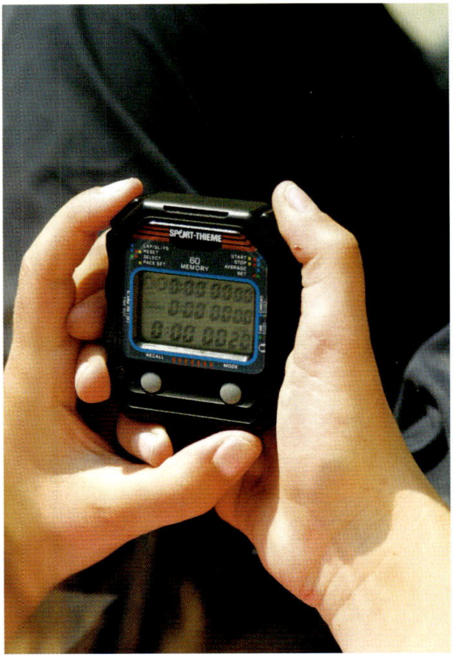

Beachte!

- Der systematische Einsatz wird schnell zu besseren Ergebnissen führen, die sich aber auf einem individuellen Niveau manifestieren.
- Variation durch Wechsel der rechten und der linken Hand bzw. der Finger, mit denen ausgelöst wird.

Beispielprogramm: Selbstständiges Üben ist möglich, ebenso kann die Übung in Gruppen als Wettbewerb durchgeführt werden.

Eignet sich auch zur selbstständigen Beschäftigung der Sportler in Trainingspausen oder zu Hause.

I – C5 (elementar/zyklisch/Sensibilisierung) auch I – C1

Radimitation aus der Hangposition

Trainingsaufgabe: Realisierung von hochfrequenten Radtretbewegungen mit den Beinen bei Körpergewichtsentlastung durch Hang an den Ringen oder am Reck.

Übungsbeschreibung: Der Sportler hängt mit nahezu ausgestreckten Armen an den Ringen oder am Reck und entlastet somit seine Beinmuskulatur. Diese Ausgangsposition bzw. die Körpergewichtsentlastung wird nun genutzt, um mit den Beinen höchstmögliche zyklische Frequenzen beim Imitieren einer Beinradtretbewegung zu erreichen.

Hinweise zur Bewegungsausführung: Bei geringen Frequenzen kann der ganze Körper rhythmisch zu schwingen beginnen. Erst eine hohe Bewegungsfrequenz mit gleichseitigen Bewegungsamplituden stabilisiert das Gesamtsystem.

Beachte!

Variation mit gebeugten und ausgestreckten Armen, unterschiedlichem Kniehub oder unterschiedlichen Bewegungsamplituden.

Beispielprogramm: 4-6 x 3 s (P 1-3 min).

I – C5 (elementar/zyklisch/Sensibilisierung) auch I – C4

Frequenzlauf am rollenden Reifen

Trainingsziel: Realisierung von hohen Frequenzen und minimalen Bodenkontaktzeiten im kurzen Zeitprogramm bei zyklischen Laufbewegungen mit geringer Bewegungsamplitude bei gleichzeitiger hoher koordinativer Anforderung durch räumliche und zeitliche Zwangsbedingungen.

Übungsbeschreibung: Ein Gymnastikreifen wird durch einen Sportler selbst ins Rollen gebracht. Anschließend versucht der Sportler, so mit dem aufrecht rollenden Reifen zu laufen, dass er ein Bein durch die Reifenöffnung führen kann und auf der anderen Seite des Reifens mit diesem Bein mitlaufen kann. Abhängig von der Rollgeschwindigkeit entstehen hohe bis höchste koordinative Anforderungen und ein hochfrequenter zyklischer Fußaufsatz mit äußerst kurzen Bodenkontakten.

Beachte!

- Variation des Tempos des rollenden Gymnastikreifens, der Geländeneigung (bergab).
- Kopplung bergauf – bergab.
- Kopplung vor – zurück durch gegenläufigen Drall.

Beispielprogramm: 3–6 x 3–6 Durchgänge alternierend mit dem linken und rechten Bein (P 30–90 s)

I – C5 (elementar/zyklisch/Sensibilisierung) auch I – C4

Tapping auf Wackelplatte

Trainingsaufgabe: Entwicklung hoher Tappingfrequenzen mit den Beinen bei gleichzeitiger hoher Anforderung an Differenzierung und Gleichgewicht.

Übungsbeschreibung: Der Proband steht beidbeinig auf einer Wackelplatte. Er versucht nun, aus einer ruhigen Ausgangslage möglichst schnell mit den Füßen eine hohe Tappingfrequenz mit geringen Bewegungsamplituden zu erreichen. Die Arme sollten nicht mitbewegt werden. Erst über eine hohe Bewegungsfrequenz des Athleten kann das Gesamtsystem – Wackelplatte und Sportler – stabil bzw ruhig gehalten werden.

Hinweise zur Bewegungsausführung: Das Gleichgewicht muss sehr zentral stabilisiert werden. Bei geringen Frequenzen und Gewichtsverlagerungen vor und zurück beginnt man zu wackeln. Erst eine hohe Bewegungsfrequenz mit gleichseitigen Bewegungsamplituden stabilisiert das Gesamtsystem.

Beachte!
Variation mit hängenden und stabilisierten Armen oder die Arme in unterschiedlichsten Positionen fixieren, auch auf an Ketten hängenden Wackelplatten.

Beispielprogramm:
4-6 x 3 s (P 1-3 min).

I – C6 (elementar/zyklisch/Metapher)

Frequenzlaufen im Stand wie eine Nähmaschine

Trainingsaufgabe: Über die Vorstellung der schnellen und rhythmischen Bewegungsaktivität einer Nähmaschine werden Bewegungsvorgaben für das Beintapping vermittelt.

Übungsbeschreibung: Bewusste Vorstellung der Arbeitsweise einer Nähmaschine bzw. Anhören einer entsprechenden Tonaufzeichnung und Nachvollziehen der charakteristischen Merkmale der Nähmaschine (frequenzorientiert, rhythmisch) beim Tapping.

Hinweise zur Bewegungsausführung: Minimales Abheben der Füße vom Boden, kurze Bodenkontakt- und Hubzeiten, kein Mitbewegen der Arme.

Beachte!

- Variation der Position – sitzend, liegend.
- Wechsel der bewegten Extremität (Arme/Beine).
- Veränderung der Körperschwerpunkthöhe oder des Kniewinkels.
- Unterschiedliche Lautstärke.

Beispielprogramm: 3-5 x 2-3 s (P 30-90 s).

I – C6 (elementar/zyklisch/Metapher)

Rhythmisches Frequenzspringen wie ein Presslufthammer

Trainingsziel: Über die Vorstellung der lauten, schnellen, rhythmischen und prellenden Bewegungsaktivität eines Presslufthammers werden Bewegungsvorgaben für kleinräumige, hochfrequente, zyklische, beidbeinige Sprungbewegungen vermittelt.

Übungsbeschreibung: Bewusste Vorstellung der Arbeitsweise eines Presslufthammers bzw. Anhören einer entsprechenden Tonaufzeichnung, Nachvollziehen der charakteristischen Merkmale der Presslufthammerarbeit (laut, frequenzorientiert, rhythmisch, prellend) beim beidbeinigen Springen im Stand.

Hinweise zur Bewegungsausführung:
Minimales Abheben der Füße vom Boden, kurze Bodenkontakt- und Hubzeiten.

Beachte!
- Veränderung der Körperschwerpunkthöhe oder des Kniewinkels.
- Unterschiedliche Lautstärke.

Beispielprogramm:
3–5 x 2-3 s (P 30–90 s)

I – D1 und I – D2 (elementar/Reaktion/Erleichterung bzw. Erschwerung)

Einfachreaktion mit Gummizug

Trainingsaufgabe: Einfache Reaktionsübungen auf ein akustisches, optisches oder taktiles Signal mit Hand oder Fuß zur Entwicklung der Reaktionsschnelligkeit.

Übungsbeschreibung: Einfache Reaktionsübungen auf ein akustisches, optisches oder taktiles Signal mit Hand oder Fuß. Die Extremität wird gegen einen Gummizug bis dicht an den Kontakttaster herangeführt. Bei Signalgebung muss der Taster so schnell wie möglich betätigt werden. Die Übung kann auch manuell ausgelöst werden.

Hinweise zur Bewegungsausführung: Der Gummizug unterstützt die Bewegungsrichtung, trotzdem muss die Bewegung zum Taster aktiv ausgeführt werden. Zugstärke so anpassen, dass es zu keinem Muskelzittern in der Haltephase kommt.

Der Gummizug behindert die Bewegungsrichtung, deshalb muss die Bewegung zum Taster besonders aktiv ausgeführt werden.

Beachte!

- Das Gummiband muss an einem festen Punkt, z. B. Tischbein oder Sprossenwand, fixiert werden und darf die Bewegung nicht behindern.
- Variation des Zuges über die Länge des Gummis,
- Reaktionszeitmessung!

Beispielprogramm: 2 x 5 Wiederholungen mit Erleichterung im Kontrast zu 2 x 5 Wiederholungen unter Normalbedingungen oder Erschwerung.

Anstieg der Reaktionszeit = Abbruchkriterium.

I – D3 (elementar/Reaktion/EMS) auch I – B3

Einfachreaktion mit EMS

Trainingsaufgabe: Einfache Reaktionsübungen auf ein akustisches, optisches oder taktiles Signal mit Hand oder Fuß zur Entwicklung der Reaktionsschnelligkeit.

Übungsbeschreibung: Einfache Reaktionsübungen auf ein akustisches, optisches oder taktiles Signal mit Hand oder Fuß. Die Signalgebung erfolgt mit einer Triggerstartklappe, Stimulation der Unterseite des Unterarms bzw. der Wadenmuskulatur (M. gastrocnemius). Die Triggerung erfolgt durch das Schließen der Startklappe.

Hinweise zur Bewegungsausführung: Gute Konzentration auf die schnellstmögliche Reaktion.

Beachte!

- Intensität der Stimulation anfangs eher etwas niedriger, um die Konzentration nicht zu beeinträchtigen.
- Die Verzögerung zwischen Startsignal und EMS-Impuls kann auf bis zu 80 ms eingestellt werden.
- Reaktionszeitmessung!

- Bioimpulser, Startklappe mit Schließkontakt.

  (Quelle : Sportservice, 2002; www.sport-voss.de).
- Stimulationsprogramm – azyklisch, synchron, externer Trigger, mit Messung, Stimulationsdauer 20 ms.

Beispielprogramm: 2-4 x 5-6 Wdhlg. (insgesamt max. 20).

Anstieg der Reaktionszeit = Abbruchkriterium.

1 – D4 (elementar/Reaktion/Zwänge) auch II – D4

Einfache Reaktionsspiele mit Ball (optische Reize)

Trainingsaufgabe: Entwicklung und Abforderung der einfachen motorischen Reaktionsschnelligkeit in Verbindung mit einer Ballfangübung.

Übungsbeschreibung: Der Trainer hält einen Ball in der Hand, der Handrücken (Schulterhöhe) zeigt dabei nach oben. Der Sportler hält beide Hände auf die Hände des Trainers. Wenn dieser den Ball fallen lässt, muss der Sportler versuchen, den Ball noch vor dem Boden mit beiden Händen aufzufangen.

Hinweise zur Bewegungsausführung: Es können auch Sportlerpaare untereinander üben. Anfangs kann der Sportler etwas auf die Hand des Trainers/Partners drücken, später nur noch leicht berühren.

Beachte!
Unterschiedliche Bälle verwenden, je kleiner der Ball, umso schwieriger ist es, den Ball zu fangen.

Alternativ: Der Trainer hält zwei Bälle, die Fanghand des Sportlers kann vorher festgelegt werden.

Beispielprogramm: 5-10 Wiederholungen mit unterschiedlichen Bällen.

1 – D4 (elementar/Reaktion/Zwänge) auch II – D4

Duellspiele (akustische Reize)

Trainingsaufgabe: Entwicklung der einfachen motorischen Reaktionsschnelligkeit in Verbindung mit einer kleinen motorischen Aktion.

Übungsbeschreibung: Zwei (oder mehr) Partner haben das Ziel, als Erster einen Gegenstand zu treffen oder zu ergreifen. Die Ausgangsstellungen variieren, einfache Bewegungsausführung und kurze Arbeitswege. Beispiel: Jeweils zwei Sportler knien sich an einer Turnbank gegenüber. Eine Hand liegt am Rand auf dem Sprunghocker. In der Mitte liegt ein Schlagball. Auf ein Signal wird versucht, den Ball als Erster zu greifen. Die Signale können variiert werden. Bei dieser Übung werden bevorzugt akustische Reize (Pfiff, Ruf, Klatschen) eingesetzt, da die akustischen Reaktionszeiten kürzer sind als die auf optische Reize.

Beachte!

- Häufig in kurzen und variablen Teilen der Trainingseinheiten einsetzen.
- Mehrere Paare können gleichzeitig, auf ein Signal, üben.
- Variation der Gegenstände und Körperhaltungen.

Beispielprogramm: Bis zu 30 Gesamtversuche – gegen unterschiedliche Gegner jeweils ca. fünf Wiederholungen – Pausen beim Partnerwechsel. Bewertungssysteme schaffen (Punkte, K.-o.-System), auch als Wahlreaktionsübungen (z. B. weißer Ball und brauner Ball) bei Wahlreaktionsübungen, „Fehlentscheidungen" mit Punktabzug bestrafen, um das Spekulieren zu verhindern.

1 – D4 (elementar/Reaktion/Zwänge) auch II – D4

Duellspiele (optische Reize)

Trainingsaufgabe: Entwicklung der einfachen motorischen Reaktionsschnelligkeit in Verbindung mit einer kleinen motorischen Aktion.

Übungsbeschreibung: Der Sportler muss auf eine Bewegungshandlung des Partners reagieren.

i) Der Sportler steht mit dem Rücken vor einer Wand. Der Trainer wirft einen leichten Ball in Richtung Kopf, der Sportler führt eine Ausweichbewegung durch.

ii) Die Sportler stehen sich paarweise gegenüber. Ein Sportler springt ab und vollführt eine 360°-Drehung. Der andere Sportler versucht, diesen auf dem Rücken zu berühren.

iii) Zwei Sportler stehen sich gegenüber und versuchen, sich gegenseitig an einer Körperstelle zu berühren.

Beachte!

- Häufig in kurzen und variablen Teilen der Trainingseinheiten einsetzen.
- Mehrere Paare können gleichzeitig üben.
- Wettbewerb organisieren.

Beispielprogramm: Bis zu 30 Gesamtversuche – gegen unterschiedliche Gegner jeweils ca. fünf Wiederholungen – Pausen beim Partnerwechsel.

Bewertungssysteme schaffen (Punkte, K.-o.-System).

I – D4 elementar/Reaktion/Zwänge) auch I – D4

Einfache Reaktionsübungen mit kleinräumigen Bewegungsaktionen

Trainingsaufgabe: Einfache Reaktionsübungen auf ein akustisches, optisches oder taktiles Signal mit Hand oder Fuß zur Entwicklung der Reaktionsschnelligkeit.

Übungsbeschreibung: Der Sportler legt im Sitz seinen Unterarm auf eine feste Unterlage. In der leicht geöffneten Faust liegt der markierte Fallstab, der durch den Trainer einfach losgelassen wird. Das ist auch mit geschlossenen Augen und in Verbindung mit akustischen oder taktilen Signalen möglich. Die Fallweite des Stabs ist das Maß der Reaktionszeit.

Beachte!
Ausführung auch im Stand möglich.

Beispielprogramm: 2-3 x 5-10 Wiederholungen.

I – D5 (anforderungsadäquat/Reaktion/Sensibilisierung)

Reaktionsspiele unter Einschränkung des Bewegungsraums

Trainingsaufgabe:
Entwicklung der Körperabwehr nach gegnerischem Einwirken.

Übungsbeschreibung: Zwei Sportler stehen sich auf jeweils einem Therapiekreisel gegenüber und versuchen, das Gleichgewicht des Gegners zu brechen, ohne selbst vom Therapiekreisel absteigen zu müssen.

Hinweise zur Bewegungsausführung: Häufig in kurzen Teilen der Trainingseinheiten bzw. auch nur hin und wieder mit einzelnen Sportlern durchführen.

Beachte!
Zuordnung in das propriozeptive Training möglich.

Variation:

- Einbeiniger und beidbeiniger Stand, Armeinsatz seitlich, oben, unten bzw. kombiniert oder nur den Körper nutzen.
- Ballzuspiele auf den Kreiseln.

Beispielprogramm:
3-5 x 15-30s.

I – D5 (elementar/Reaktion/Sensibilisierung)

Reaktionszeittiming

Trainingsaufgabe: Verbesserung der Konzentrationsfähigkeit, Stabilisierung der elementaren Reaktionsschnelligkeit, Verbesserung des Zeitgefühls.

Übungsbeschreibung: An einem Reaktionstest- bzw. Trainingsgerät werden eindimensionale visuelle bzw. akustische Reize gesetzt.

Spezielle Aufgabenstellung dieser Trainingsanordnung ist, dass, abhängig von der individuellen Standardreaktionszeit, minimal verlängerte Reaktionszeiten (Verlängerung zwischen 5 % und 25 %) bewusst realisiert werden sollen.

Beispiel: Individuelle optische Reaktionsleistung – Durchschnittswert: 215 ms

Vorgaben: 230 ms – 250 ms – 220 ms – 240 ms – 260 ms.

Die Zeitvorgaben sollen möglichst exakt erreicht werden.

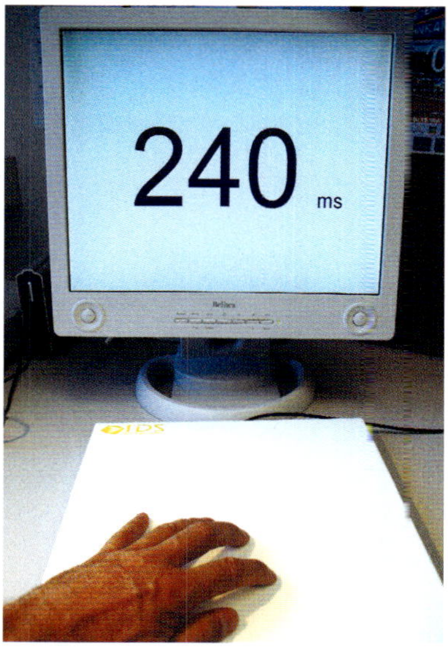

Beachte!

Gerätebedarf:

- Testgerät mit Sofortfeedback (z. B. TDS).
- Variationsmöglichkeiten der Reizsetzung optisch oder akustisch.

Beispielprogramm: 3 x 8 Wiederholungen (P 2-3 min).

I – D6 (elementar/Reaktion/Metapher)

Reagieren auf optische Reize (Ampel)

Trainingsaufgabe: Vorstellung einer Reaktion mit diagnostizierbaren ideomotorischen Nerven- und Muskelaktivitäten als auch Realisierung kleinräumiger bzw. komplexmotorischer Reaktionsleistungen auf gegebene optische Reize mit Forderung der reizverarbeitenden Strukturen. Bewusstes Erfassen von Reizen im Alltag ermöglicht eine bedeutende Zunahme an Reaktionsmöglichkeiten.

Übungsbeschreibung: Beobachtung eines optischen Signals. Nach Reizauslösung schnellstmögliche Innervation eines vorher ausgewählten Muskels. Beispiel: Ampel schaltet von Rot auf Grün, schnellstmögliche Durchführung einer vorher festgelegten Extremitätenbewegung.

Hinweise zur Bewegungsausführung: Unendliche Vielfalt an Möglichkeiten der Reizgabe und auch der vorher festgelegten Reizantworten.

Beachte!

Variationsmöglichkeiten:

- Einfachreaktionen auf Töne, Licht, Bewegungen, (z. B. während des Wartens auf den Bus: bei Hupton Faust zusammenballen).

- Auswahlreaktion auf Automarken, Autofarben, Personengröße, Haarfarbe, Geräusche (z. B. gelbes Auto -> Zehenstand; schwarzes Auto -> Fersenstand).

Beispielprogramm: In den Alltag einbauen (auf Straßen, in Lokalen, im Kino etc.).

I – D6 (elementar/Reaktion/Metapher)

Reagieren auf taktile Reize (Eiszapfen)

Trainingsziel: Taktile Reize führen zu den schnellsten Reaktionsleistungen. Die Vorstellung von unangenehmen Reizen führt zusätzlich zu einem hohen zentralnervösen Aktivierungsniveau.

Sowohl die ideomotorische Aktivierung (Vorstellung einer Eisberührung) als auch eine reale Eisberührung werden eingesetzt, um die elementare Reaktionsschnelligkeit zu entwickeln.

Übungsbeschreibung: Vorstellung einer unangenehmen Eisberührung an verschiedenen Hautstellen. Nach gedanklicher Reizauslösung schnellstmögliche Innervation eines vorher ausgewählten Muskels (z. B. der Rumpfmuskulatur oder des Schließmuskels).

Durchführung einer unangenehmen Eisberührung an verschiedenen Hautstellen durch den Partner. Nach Reizauslösung schnellstmögliche Innervation eines vorher ausgewählten Muskels bzw. Durchführung einer vorher festgelegten Extremitätenbewegung.

Hinweise zur Bewegungsausführung: Bei taktilen Reizen sollten keine visuellen und akustischen Hinweise möglich sein.

Beachte!

Variationsmöglichkeiten:

- Taktile Reizsetzung durch Strom, Wärme, Berührung etc.
- Akustische Reizsetzung durch Töne.

Beispielprogramm:
6-8 Reize (P 5-10 s).

II – A1 (anforderungsadäquat/azyklisch-reaktiv/Erleichterung)

Horizontale Einbeinsprünge mit Gewichtsentlastung

Trainingsaufgabe: Entwicklung kurzer Zeitprogramme bei horizontalen Mehrfachsprüngen.

Übungsbeschreibung: Sprunglauf, Einbeinsprünge, Wechselsprünge (re-re-li-li) in der Halle oder unter hohen Bäumen im Freien. Über dem Bereich der aktiven Sprungausführung wird in möglichst großer Höhe eine Rolle befestigt, über die eine Schnur (dünnes Seil) läuft. Am Sportler wird die Schnur an einem Hüftgurt befestigt. Der Trainer entlastet gezielt und dosiert über einen Flaschenzug den Sportler bei einem oder mehreren Einzelsprüngen einer Sprungserie. Gibt es eine Rollschiene mit einer beweglichen Rollenaufhängung, können alle Sprünge der Serie entlastet werden.

Hinweise zur Bewegungsausführung: Nutzung der Entlastung, um die Sprünge mit Absprungzeiten im kurzen Zeitprogramm auszuführen (unter 140 ms, bei geringen horizontalen Geschwindigkeiten bis 160 ms, Kontrolle der Sprungweite und Sprungzeit).

Beachte!

- Einsatz auch bei Sprungserien auf dem Laufband (Entlastung über einen Gummizug).
- Das kurze Zeitprogramm muss bei elementaren Bewegungen gesichert sein.
- Mehrfachsprünge müssen sicher beherrscht werden.

Beispielprogramm: 5-8 x 2-4 Sprünge (SP 5-10 min).

II – A1 (anforderungsadäquat/azyklisch-reaktiv/Erleichterung) auch 1 – A1

Vertikale beidbeinige Sprünge mit Gewichtsentlastung

Trainingsaufgabe: Techniktraining für Hürdensprünge im kurzen Zeitprogramm, wenn das kurze Zeitprogramm beim Drop Jump beherrscht wird.

Übungsbeschreibung: Hürdensprünge in der Halle oder unter hohen Bäumen im Freien. Über dem Bereich der aktiven Sprungausführung wird in möglichst großer Höhe eine Rolle befestigt, über die eine Schnur (dünnes Seil) läuft. Am Sportler wird die Schnur an einem Hüftgurt befestigt. Der Trainer entlastet gezielt und dosiert über einen Flaschenzug den Sportler bei einem oder mehreren Einzelsprüngen einer Sprungserie. Gibt es eine Rollschiene mit einer beweglichen Rollenaufhängung, können alle Sprünge der Serie entlastet werden.

Hinweise zur Bewegungsausführung: Ziel der Entlastung sind Absprungzeiten von unter 140 ms. Beachtung des prellenden Absprungs auf dem Fußballen. Messung der Absprungzeit und Erfassung der Hürdenhöhe.

Beachte!
Auch bei einbeinigen Hocksprüngen über Hürden oder anderen Sprungformen (z. B. Tscherbackis) einsetzbar.

Beispielprogramm:
3 x 3-6 x 3-5 Sprünge (SP 5-10 min).

II – A1 (anforderungsadäquat/azyklisch-reaktiv/Erleichterung)

Horizontale Sprünge mit Partnerentlastung

Trainingsaufgabe: Entwicklung einer guten Sprungtechnik mit scherendem Absprung – Sprungbein wirkt nach hinten, hohes Schwungbein; lange Flugphasen bei kurzen Bodenkontaktzeiten, ohne dass dabei hohe Bodenreaktionskräfte auftreten.

Übungsbeschreibung: Der Athlet beginnt seine Sprungserie aus dem Stand. Er stützt sich von Beginn an auf den beiden links und rechts stehenden und später langsam nebenherlaufenden Partnern auf.

Hinweise zur Bewegungsausführung: Ähnlich wie bei Sprüngen mit verringerter Gravitation (Metapher: Sprünge auf dem Mond) sollte der springende Athlet lange Flugphasen bewusst erleben und die entsprechende Zielposition lange halten. Zur Vorbereitung auf den nachfolgenden Absprung reduziert der Athlet die Stützwirkung und springt aus einer extremen Vorspannung durch ein bewusstes, scherendes Fußaufsetzen mit deutlicher Horizontalorientierung wieder ab.

Beachte!
Die Trainingspartner sollten annähernd gleich groß sein.

Variationsmöglichkeiten:
- Wechselsprünge.
- Einbeinsprünge.

Beispielprogramm: 3-6 x 4-8 Sprünge (SP 3-5 min).

II – A1 (anforderungsadäquat/azyklisch-reaktiv/Erleichterung)

Weitsprung mit Körpergewichtsentlastung

Trainingsaufgabe: Spezielles Krafttraining im Weitsprung unter den Bedingungen des kurzen Zeitprogramms, wobei durch die Körpergewichtsentlastung u. U. auch höhere Umfänge möglich werden, auch zu Saisonzeitpunkten, in denen die Anlaufgeschwindigkeit noch nicht hoch genug ist.

Übungsbeschreibung: Weitsprung in der Halle oder unter hohen Bäumen im Freien. Über der Absprungstelle wird in möglichst großer Höhe eine Rolle befestigt, über die ein dünnes Seil läuft. Am Schnurende wird ein ca. 2 m langes Gummiseil befestigt. Hierüber wird der Weitspringer durch Zug über einen Flaschenzug erst gezogen und dann beim Absprung vertikal entlastet.

Hinweise zur Bewegungsausführung: Nutzung der Entlastung, um die Weitsprünge mit Absprungzeiten von ca. 100 ms auszuführen. Beachtung des weitsprungtypischen Absprungs mit stemmendem Fußaufsatz auf dem ganzen Fuß. Messung der Sprungweite und der Absprungzeit.

Beachte!
Einsatz erst bei guter Beherrschung der Weitsprungtechnik und sicherer Realisierung des kurzen Zeitprogramms bei einfachen Übungen (Drop Jump).

Beispielprogramm:
Bis acht Sprünge
(P 2-5 min).

II – A2 (anforderungsadäquat/azyklisch-reaktiv/Erschwerung) auch II – B2

Training am Hutt-Gerät

Trainingsaufgabe: Entwicklung eines ziehenden Fußaufsatzes im einbeinigen Stütz und Entwicklung der speziellen Kraftvoraussetzungen für eine aktive Hüftstreckung.

Übungsbeschreibung: Die Übungsausführung erfolgt an einem speziellen Sprung- und Sprintkrafttrainingsgerät (Hutt-Gerät). Dabei führt der Sportler einbeinige Absprungbewegungen aus einem Auftaktschritt aus. Der Sportler kann dabei über einen Hüftgurt mit Zusatzlasten belastet werden. Das Ziel besteht darin, den Anteil der in Bewegungsrichtung wirkenden horizontalen Antriebsleistung zu vergrößern.

Hinweise zur Bewegungsausführung: Der Aufsatz des Fußes erfolgt aus einer schlagenden Auftaktbewegung von oben. Der Körperschwerpunkt befindet sich dabei hinter der Bodenkontaktstelle. Durch den Einsatz der Hüftgelenkstrecker beschleunigt der Sportler das Gesamtsystem nach vorn oben.

Beachte!

- Die Visualisierung der horizontalen Kraftkomponente gibt dem Sportler eine Information über die Bewegungsqualität.
- Das Ziel besteht im Erreichen eines großen Kraftimpulses der horizontalen Bewegungskomponente.

Beispielprogramm: 3-5 x 5-8 Übungen (P 5-10 s, SP 4-6 min).

II – A2 (anforderungsadäquat/azyklisch-reaktiv/Erschwerung) auch I – A2, I – A4, I – A5, II – A4, II – A5

Sprungserien mit Zusatzlasten an den Schwungelementen

Trainingsaufgabe: Beeinflussung der technischen Gestaltung des Schwungelementeeinsatzes und des Bewegungsempfindens zum Schwungelementeinsatz. Entwicklung von Kraftvoraussetzungen.

Übungsbeschreibung: Leichte Zusatzlasten an den Handgelenken oder in den Händen bzw. am Fußgelenk oder Knie des Schwungbeins. Günstig sind Kurzhanteln in den Händen oder Gewichtsmanschetten an den Gelenken. Die Höhe der Zusatzlast richtet sich nach dem Kraftniveau und dem technischen Niveau des Schwungelementeinsatzes (bei Kindern und Jugendlichen zwischen 0,1 und 1,0 kg je Arm oder Bein).

Hinweise zur Bewegungsausführung: Schneller und prellender Absprung, die Zusatzlast an den Schwungelementen soll deren Einsatz zeitlich insofern steuern, dass die vertikale Schwungbeschleunigung mit dem Bodenkontakt beginnt (Kontrolle von Stützzeit und Sprungweite oder -höhe).

Beachte!

- Als Hürdensprünge ein- und beidbeinig, ein- und beidbeinige horizontale Mehrfachsprünge einsetzbar.
- Einsatz auch zum Vorbeugen oder Verhindern zu großer Beugetiefen im Kniegelenk.

Beispielprogramm: 2-5 x 3-5 Sprünge (P 5 min).

II – A2 (anforderungsadäquat/azyklisch-reaktiv/Erschwerung) auch II – A4

Sprungserien mit Zusatzlast

Trainingsaufgabe: Entwicklung von Kraftvoraussetzungen unter den Bedingungen des kurzen Zeitprogramms bei reaktiven Bewegungen.

Übungsbeschreibung: Als Sprungformen eignen sich Fußgelenksprünge, Treppensprünge (flache Stufen), Sprungläufe, Einbeinsprünge, Wechselsprünge, Steppsprünge, Hürdensprünge u. a. m. Es wird eine leichte Zusatzlast am Körper getragen, nicht an Armen oder Beinen! Günstig sind ein Gewichtsgürtel oder Gewichtswesten. Die Höhe der Zusatzlast richtet sich nach dem Kraftniveau. Es sollte bei Kindern und Jugendlichen zwischen 0,5 und 1,5 kg liegen.

Hinweise zur Bewegungsausführung: Schneller und prellender Absprung. Die Zusatzlast soll als Reiz zu geringeren Beugetiefen im Kniegelenk genutzt werden und einen zusätzlichen Kraftreiz darstellen. Kontrolle von Stützzeit und Leistung.

Beachte!

- Einsatz vor allem zum Vorbeugen oder Verhindern zu großer Beugetiefen im Kniegelenk.

- Einsatz erst, wenn der Drop Jump sicher im kurzen Zeitprogramm ausgeführt werden kann und die angewendete Sprungübung technisch sicher beherrscht wird.

Beispielprogramm: 5 x 6 Sprünge (P 5 min).

II – A2 (anforderungsadäquat/azyklisch-reaktiv/Erschwerung) auch II – A4

Weitsprung mit Zusatzlast

Trainingsaufgabe: Spezielles Sprungkrafttraining für den Weit- und Dreisprung.

Übungsbeschreibung: Weitsprung aus dem mittleren oder kurzen Anlauf mit Gewichtsgürtel oder Gewichtsweste. Die Zusatzlast richtet sich nach den Kraftvoraussetzungen der Sportler und sollte zwischen 0,5 und maximal 3 kg betragen.

Hinweise zur Bewegungsausführung: Der Anlauf und der Weitsprungabsprung müssen trotz der Zusatzlast in gewohnter Dynamik ausgeführt werden. Die Zusatzlast soll einerseits einen Reiz zur Verbesserung der Rekrutierung der Muskelfasern darstellen, gleichzeitig stellt die Zusatzlast beim Absprung, über die größeren Lastmomente, einen Zwang zur Verringerung der Beugetiefen im Kniegelenk dar.

Kontrolle von Anlaufgeschwindigkeit und/oder Absprungzeit.

Beachte!
Einsatz erst bei sicherer Beherrschung des Anlauf-Absprung-Komplexes beim Weitsprung sowie bei vorhandenem kurzen Zeitprogramm beim Drop Jump.

Beispielprogramm:
4-8 Sprünge (P 3-5 min).

II – A3 (anforderungsadäquat/azyklisch-reaktiv/EMS)

Horizontale einbeinige Niedersprünge mit EMS

Trainingsaufgabe: Entwicklung der horizontalen Sprungkraft unter den Bedingungen des kurzen Zeitprogramms.

Übungsbeschreibung: Sprunglauf oder Einbeinsprünge von einer Rampe (Reihe Kastendeckel) aus horizontaler Bewegung mit stimuliertem Absprung vom Boden, Triggerung über Lichtschranke, stimulierte Muskeln: Wadenmuskulatur und/oder Oberschenkelrückseite des Sprungbeins (auch Gesäßmuskulatur).

Hinweise zur Bewegungsausführung: Aus einer hohen horizontalen Geschwindigkeit üben, nach dem stimulierten Absprung noch mindestens einen weiteren Absprung ausführen, Messung Absprungzeit und Sprungweite.

Beachte!

- Fallhöhe niedrig (Kastendeckel).
- Lichtschrankenhöhe ca. 25 cm.
- Übungen des horizontalen Sprungkrafttrainings (aktiver Fußaufsatz) müssen beherrscht werden.

- Stimulationsprogramm azyklisch, synchron, externer Trigger mit Messung, Stimulationsdauer ca. 40 ms, Intensität individuell verträglich.

Beispielprogramm:
1-5 x 2-8 Sprünge (P 3-5 min).

II – A3 (anforderungsadäquat/azyklisch-reaktiv/EMS)

Horizontale Einbeinsprünge mit EMS

Trainingsaufgabe: Entwicklung von Sprungkraftvoraussetzungen unter den Bedingungen des kurzen Zeitprogramms.

Übungsbeschreibung: Einbeinsprünge horizontal aus einer mittleren Auftaktgeschwindigkeit (3-7 Anlaufschritte). Nach 1-2 Sprüngen ohne Stimulation werden zuerst nur einzelne Absprünge, später mehrere stimuliert. Triggerung manuell oder über eine exakt ausgerichtete Lichtschranke. Für mehrere Stimulationen eignen sich Laserlichtteppiche mit einer Höhe von ca. 15 cm über dem Boden. Stimulation von maximal zwei Muskeln gleichzeitig (Fußstrecker, Kniestrecker, ischiokrurale Muskulatur, Gesäßmuskulatur).

Hinweise zur Bewegungsausführung: Mit steigendem Beherrschungsgrad kann die Auftaktgeschwindigkeit stufenweise erhöht werden. Messung von Absprungdauer, Flugzeiten, Sprungdauer und -weite.

Beachte!

- Die Technik der Einbeinsprünge und das kurze Zeitprogramm beim Drop Jump bzw. beim einbeinigen Niedersprung müssen sicher beherrscht werden.
- Alternative: Sprunglauf
- Stimulationsprogramm „User", synchron, manuell einstellen, für Einbeinsprünge mit einer oder mehreren externen Triggerungen. Stimulationsprogramm „User", synchron, extern.
- Bei Sprungläufen „User", asynchron, manuell – Achtung! Beine beim Triggern nicht vertauschen! Stimulationsdauer 40 ms.

Beispielprogramm: 3-10 x 3-7 Sprünge (P 5-10 min).

II – A3 (anforderungsadäquat/azyklisch-reaktiv/EMS)

Hürdenüberquerung mit EMS

Trainingsaufgabe: Spezielles Kraft- und Techniktraining für den Hürdenabdruck und das Schwungbeinsenken unter den Bedingungen des kurzen Zeitprogramms.

Übungsbeschreibung: Hürdenlauf, an der zweiten bis vierten Hürde Stimulation der Wadenmuskulatur über Lichtschrankentriggerung (Höhe 25-30 cm) kurz vor der Abdruckstelle.

Stimulation des Beginns des Schwungbeinsenkens (Oberschenkelrückseite oder Gesäßmuskulatur des Schwungbeins nach eingestellter Verzögerung von ca. 200 ms).

Hinweise zur Bewegungsausführung: Kontrolle der Laufgeschwindigkeit im Bereich der stimulierten Hürdenüberquerung.

Beachte!

- Nach der stimulierten Hürde mindestens eine weitere Hürdenüberquerung, Einsatz bei guter Beherrschung der Hürdenüberquerung und des Zwischenhürdenlaufs.
- Stimulationsprogramm azyklisch, asynchron mit Verzögerung, externer Trigger ohne Messung.
- Stimulationsdauer: Abdruck 20-40 ms; Schwungbeinsenken 60-100 ms.

Beispielprogramm: Einsatz in 4-10 Läufen (P 5-10 min).

II – A3 (anforderungsadäquat/azyklisch-reaktiv/EMS)

Weitsprung mit EMS

Trainingsaufgabe: Sicherung kurzer Zeitprogramme beim Absprung auch aus niedrigeren Anlaufgeschwindigkeiten für das Techniktraining und das spezielle Krafttraining, spezielles Sprungkrafttraining im kurzen Zeitprogramm.

Übungsbeschreibung: Weitsprung aus allen Anlauflängen (vorzugsweise aus mittleren und langen Anläufen), Stimulation der Waden- und Kniestreckmuskulatur des Sprungbeins. Triggerung über Lichtschranke, Höhe ca. 25-30 cm, ca. 10-15 cm vor dem Balken, der Unterschenkel löst die Triggerung aus.

Hinweise zur Bewegungsausführung: Mobilteil des Bioimpulsers seitlich am Gürtel tragen, Orientierung auf einen explosiven und schnellen Absprung, Kontrolle von Anlaufgeschwindigkeit, Absprungzeit, Sprungresultat.

Beachte!

- Obwohl der Sportler noch nicht in der Lage ist, hohe Anlaufgeschwindigkeiten zu realisieren oder Absprünge aus diesen hohen Geschwindigkeiten auszuführen, kann der Absprung bereits unter den neuromuskulären Zielparametern realisiert werden.

- Stimulationsprogramm azyklisch, synchron, externer Trigger, mit oder ohne Messung.
- Stimulationsdauer 20-40 ms.

Beispielprogramm:
4-6 Sprünge (P 5-10 min).

II – A4 (anforderungsadäquat/azyklisch-reaktiv/Zwänge)

Einbeinige Absprünge aus hohen Geschwindigkeiten

Trainingsaufgabe: Entwicklung der Technik des einbeinigen Absprungs und der speziellen Sprungkraft unter Zeitzwang.

Übungsbeschreibung: Die Anlaufgeschwindigkeit wird durch unterstützende Maßnahmen erhöht. Dies erfolgt durch den Einsatz von Zugunterstützungsgeräten (z. B. Speedy) oder leichten Bergablauf. In der unmittelbaren Absprungvorbereitung sollte diese Unterstützung nicht mehr erfolgen. Es wird ein einbeiniger Absprung über einen flachen Höhenorientierer (Gummischnur) ausgeführt.

Hinweise zur Bewegungsausführung: Die Geschwindigkeit muss so hoch sein, dass der Zwang zu einem Absprung im kurzen Zeitprogramm besteht. Die Aufgabe ist nur dann erfüllt, wenn der Höhenorientierer überwunden oder die Zielweite erreicht wird.

Messung von Absprungzeit und Anlaufgeschwindigkeit kurz vor dem Absprung – Sprünge in den Sand oder auf Schaumgummimatte.

Beachte!
Erst Sprünge aus geringerer Anlaufgeschwindigkeit über den Höhenorientierer ausführen, dann Geschwindigkeit schnell erhöhen, bis die Aufgabe im kurzen Zeitprogramm erfüllt wird, dann den Höhenorientierer entfernen – Sprunghöhe beibehalten.

Beispielprogramm:
6-8 Sprünge (P 5 min).

II – A4 (anforderungsadäquat/azyklisch-reaktiv/Zwänge)

Horizontale Mehrfachsprünge auf dem Laufband

Trainingsaufgabe: Entwicklung der horizontalen Sprungkraft unter Zeitzwang.

Übungsbeschreibung: Es können auf dem Laufband Sprunglauf, Einbeinsprünge, Wechselsprünge (re-re-li-li) ausgeführt werden. Nach einem Test der Mehrfachsprungform mit festgelegter Sprungzahl aus dem Anlauf auf der Bahn wird aus Sprungweite und Sprungzeit die Geschwindigkeit berechnet: Sprungweite/Sprungzeit. Diese Geschwindigkeit wird auf dem Laufband eingestellt und die gleiche Sprungserie wird auf dem Laufband ausgeführt – zur Kontrolle muss die Sprungzeit gemessen werden. Stufenweise Erhöhung der Laufbandgeschwindigkeit je nach Beherrschungsgrad – die Sprungweite darf keinesfalls abnehmen (Geschwindigkeit x Sprungzeit).

Die auf dem Laufband realisierten Geschwindigkeiten können bei guter Bewegungsausführung deutlich höher sein als auf der Bahn. Dies wirkt als Zwang zur Realisierung kurzer Zeitprogramme.

Hinweise zur Bewegungsausführung: Die Sprünge müssen auf dem ganzen Fuß gelandet werden, nicht auf Ferse oder Ballen. Diese Übung nur bei sehr guter technischer Beherrschung der Mehrfachsprünge und bei beherrschtem kurzen Zeitprogramm unter elementaren Bedingungen einsetzen.

Beachte!

- Auch Einsatz einer Gummilonge zur vertikalen Entlastung.
- Laufband um ca. 5-10 % anstellen – dadurch wird der aktive Fußaufsatz gefördert.

Beispielprogramm: 5-10 x 5-8 Sprünge (P 5 min).

II – A4 (anforderungsadäquat/azyklisch-reaktiv/Zwänge) auch I – B4, II – B4

Kniebeuge nach Zeit

Trainingsziel: Entwicklung einer maximalen Rekrutierung und Synchronisierung der motorischen Einheiten bei reaktiven Bewegungsausführungen, Entwicklung eines steilen Kraftanstiegs, der auch in Bewegungen aus der Vorspannung genutzt werden kann.

Übungsbeschreibung: Der Sportler führt Kniebeugen mit einer definierten Beugetiefe aus. Die Beugetiefe kann mit einer Hochsprunglatte oder Gummischnur markiert werden. Zusätzlich besteht die Aufgabe, die Serie in kürzester Zeit zu absolvieren.

Hinweise zur Bewegungsausführung: Eine Kontrolle der Beugetiefe ist unbedingt notwendig. Die Zeitmessung erfolgt von der ersten Beugung des Knies bis zur vollständigen Streckung nach der letzten Wiederholung. Diese Trainingsübung sollte einem hohen Qualifikationsgrad der Sportler vorbehalten sein. Der Einsatz erfolgt im klassischen Schnellkrafttraining nach dem Aufbau der grundlegenden Kraft.

Beachte!

- Die Zusatzlast sollte bei 50-60 % der Leistung in der maximalen Kniebeuge liegen.
- Auf eine gute Bewegungsausführung ist zu achten, insbesondere sollte eine Oberkörpervorneigung vermieden werden.

Beispielprogramm: 2-5 x 6 Wiederholungen (P 4-6 min).

Als Aktivierungsprogramm einsetzbar, dann nur zwei Serien.

II – A5 (anforderungsadäquat/azyklisch-reaktiv/Sensibilisierung) auch II – A1

Hochsprünge mit Reutherbrett

Trainingsaufgabe: Verkürzung der Absprungzeiten hin zum kurzen Zeitprogramm bei Hochsprüngen mit kompletter Bewegungsausführung bei gleichzeitiger Verlängerung der Zeit für die Lattenüberquerung.

Übungsbeschreibung: Der Athlet springt in wettkampfnaher Form einen Flop in Sportschuhen (ohne Spikes) von einem Reutherbrett bzw. mit Spikes von einem Reutherbrett mit Sprintbelag. Technikkriterien des Hochsprungs einhalten, besondere Beachtung des kurzen, scherenden Absprungs mit nahezu gestrecktem Absprungbein und einem eng nach oben geführten Schwungbein.

Hinweise zur Bewegungsausführung: Aufmerksamkeit immer auf reaktive (schnelle) Ausführung lenken. Ein Reutherbrett verstärkt sowohl positive Absprungkompetenzen (bei entsprechender Vorspannung und scherendem Beinaufsatz wird die Kontaktzeit kürzer) als auch negative Realisierungsvarianten (Absprungzeit wird durch passives „Warten" auf die Brettwirkung und durch starkes Stemmen noch länger).

Beachte!
Sprunghöhen 20-30 cm höher als Bestleistung.

Beispielprogramm: 8-16 Sprünge über große Höhen (P 3-5 min).

II – A5 (anforderungsadäquat/azyklisch-reaktiv/Sensibilisierung)
auch I – A5, II – A1, II – A4

Einbeinige Sprünge vom federnden Untergrund

Trainingsaufgabe: Umsetzung der horizontalen Anlaufgeschwindigkeit in einen überwiegend vertikalen Absprungimpuls, z. B. über eine Hürde, durch einen einbeinigen Absprung von einem Turnboden mit Federwirkung oder einem Federbrett, dabei Realisierung kurzer Zeitprogramme.

Übungsbeschreibung: Der Athlet läuft einige Meter an und springt einbeinig über ein Hindernis (Hürde). Im Moment des Absprungs (fast gestrecktes Absprungbein, kurzer Bodenkontakt) sollte das Schwungbein bereits abgebremst werden (der dadurch entstehende Teilimpuls erhöht den Gesamtabsprungimpuls). Das Absprungbein wirkt zur Absprungstelle nach. Die Landung erfolgt einbeinig auf dem Sprungbein.

Hinweise zur Bewegungsausführung: Optimierung der Impulsübertragung durch zeitliche Koordination des Schwungmasseneinsatzes und hohe Körperspannung.

Beachte!
Aufmerksamkeit immer auf eine schnelle, reaktive Sprungausführung lenken. Ein Turnboden kann sowohl die Absprungdauer bei entsprechender Vorspannung und scherendem Beinaufsatz verkürzen, aber auch durch passives Stemmen verlängern.

Beispielprogramm: 9-15 Sprünge oder 3-5 x 3 Hürdenüberquerungen (P 3-5 min).

II – A6 (anforderungsadäquat/azyklisch-reaktiv/ideomotorisch)

Räumlich-zeitliche und rhythmische Schrittgestaltung beim Weitsprungabsprung

Trainingsaufgabe: Gedankliche und koordinative Entwicklung/Stabilisierung der Ziel-Schritt-Gestaltung (mittel-lang-kurz) in den letzten drei Anlaufschritten und, daraus resultierend, Realisierung des kurzen Zeitprogramms beim einbeinigen Absprung (Vermeiden vom Stemmen – scherendes/ziehendes Aufsetzen des Absprungbeins).

Übungsbeschreibung: Verinnerlichen der räumlich-zeitlichen Schrittstrukturen durch oftmaliges gedankliches Wiederholen der Rhythmuskomponente bei gleichzeitigem bzw. parallelem Erfühlen der Schwerpunktsenkung und Hebung durch die unterschiedlichen Schrittlängen.

Methodische Gestaltung:

- Videostudium von Weltklasseweitspringern (Echtzeit und Zeitlupe).
- ivebeobachtung von Spitzenspringern. Erfassen der akustischen und räumlich-zeitlichen sowie der Geschwindigkeitskomponente der rhythmischen Absprunggestaltung.
- Ideomotorisches Training (oftmaliges gedankliches Durchspielen der Bewegungssequenz).
- Imitationstraining (Kopplung von gedanklichen und sensorischen Empfindungen).
- Utilisation mit langsamen, mittleren und hohen Anlaufgeschwindigkeiten.

II – B1 (anforderungsadäquat/azyklisch-nichtreaktiv/Erleichterung) auch I – B1

Wurfübungen mit leichten Geräten

Trainingsaufgabe: Entwicklung der Wurfkraft unter den Bedingungen des kurzen Zeitprogramms bei Wurfübungen.

Übungsbeschreibung: Wurfübung aus der Wurfauslage oder aus vorbereitenden Bewegungen (Anlauf, Angleiten, Drehung) mit leichteren Wurfgeräten als das Wettkampfgewicht bzw. mit anderen leichten Wurfgeräten. Ziel ist es, die Abwurfbewegung mit höherer Geschwindigkeit auszuführen bzw. wichtige Elemente der Wurfbewegung, wie z. B. das Setzen des rechten Beins nach dem Angleiten beim Kugelstoßen, kurzzeitiger ausführen zu können.

Hinweise zur Bewegungsausführung: Die Wurfbewegung muss technisch exakt ausgeführt werden. Die Technik der Wurfbewegung soll in ihrer Grobform sicher beherrscht werden, da die leichteren Wurfgeräte bei instabiler Technik auch technische Fehler provozieren können. Beginn mit geringfügig leichteren Geräten, damit die Abbremsbewegung gelernt wird.

Beachte!

- Leichte Wurfgeräte wie Bälle, Kugeln, Ringe, Speere, Steine verwenden.
- Weiten- oder Zielorientierungen geben.

Beispielprogramm:
4-8 x 6-10 Würfe (P 15-60 s, SP 5 min).

II – B2 (anforderungsadäquat/azyklisch-nichtreaktiv/Erschwerung)

Freistilwende mit Zusatzwiderstand

Trainingsaufgabe: Entwicklung der Abstoßgeschwindigkeit bei der Freistilwende auf der Basis eines kurzen, azyklisch-nichtreaktiven Zeitprogramms.

Übungsbeschreibung: Der Sportler führt akzentuierte Freistilwenden aus. Dazu benutzt er einen Pull-Buoy als Zusatzwiderstand für die Beinstreckbewegung. Der Pull-Buoy wird während der Abstoßbewegung mit gestreckten Armen in Verlängerung des Rumpfs gehalten.

Hinweise zur Bewegungsausführung: Diese Übungsausführung bietet sich beim Schwimmen in der Teilkörperlage Arme an, in der ein Pull-Buoy zur Stabilisierung der Körperlage verwendet wird.

Beachte!
Die Trainingsübung kann sowohl zur Akzentuierung der schnellkräftigen Streckbewegung als auch zur Konditionierung ganzjährig eingesetzt werden.

Beispielprogramm: 2-3 x 6-8 Abstöße (P 90 s, SP 4-6 min).

Alternativ Einbindung in das Schwimmtraining zur Aktivierung der Streckmuskulatur bei der Wende, die Belastungsgestaltung er-gibt sich dann aus dem Programm der zyklischen Bewegung.

II – B2 (anforderungsadäquat/azyklisch-nichtreaktiv/Erschwerung) auch II – B4

Imitation eines Skisprungabsprungs mit Zusatzwiderstand

Trainingsziel: Erarbeitung von Ansteuerungsmustern zur maximalen Endbeschleunigung im Absprung.

Übungsbeschreibung: Der Sportler ist durch einen Gurt mit einer Widerstandseinheit oder einem Gummizug verbunden oder er trägt eine Zusatzlast am Körper und führt einen Imitationssprung aus.

Hinweise zur Bewegungsausführung: Es ist auf die Einhaltung bewegungstechnischer Merkmale zu achten. Insbesondere sollte ein frühzeitiges Aufrichten des Rumpfs vermieden werden. Die Arbeit mit einem Fußkeil ist empfehlenswert. Kontrolle der Absprunggeschwindigkeit!

Beachte!

- Individuelle Variation des Widerstandes am Seilzugergometer.
- Kombination mit einem anschließenden Training auf der Schanze oder
- Kopplung mit EMS möglich.
- Kann mit Zusatzlast auch auf dem Rollschlitten eingesetzt werden.

Beispielprogramm:
5 x 6 Sprünge (P 10 s, SP 3-5 min).

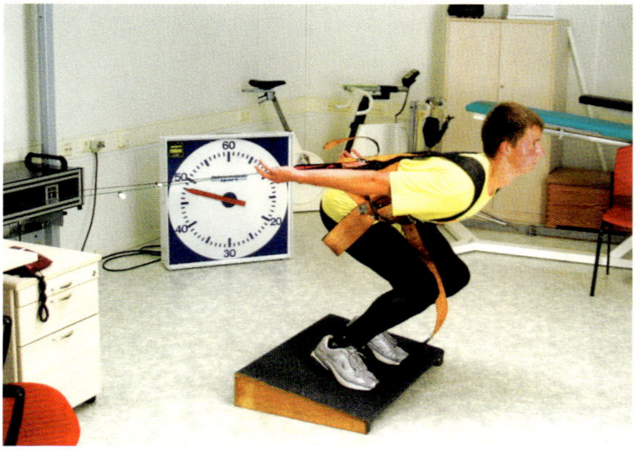

II – B2 (anforderungsadäquat/azyklisch-nichtreaktiv/Erschwerung) auch I – B2

Wurfübungen mit schwereren Geräten

Trainingsaufgabe: Übertragung kurzer Zeitprogramme bei nichtreaktiven Bewegungen der Arme in die spezielle Wurftechnik.
Entwicklung der Wurfkraft unter den Bedingungen des kurzen Zeitprogramms.

Übungsbeschreibung: Wurfübung aus der Wurfauslage oder aus vorbereitenden Bewegungen (Anlauf, Angleiten, Drehung) mit schwereren Wurfgeräten als das Wettkampfgewicht bzw. mit anderen schweren Wurfgeräten.

Hinweise zur Bewegungsausführung: Die Wurfbewegung muss technisch „sauber" ausgeführt werden. Höhere Lasten führen zu einer höheren Rekrutierungsrate der Muskelfasern, sollen das „Technikempfinden" verbessern und zwingen zu einer explosiven Bewegungsausführung, damit das schwerere Gerät auch bewältigt werden kann. Einsatz mit nur geringfügig schwereren Geräten beginnen, damit die Technik der Bewegungsausführung möglichst wenig beeinflusst wird.

Beachte!
Schwerere Wurfgeräte wie Bälle, Kugeln, Disken, Hantelscheiben, Keulen, Stäbe, Speere, Steine verwenden, auf die Ganzkörperkoordination achten, stabiler Rumpf, Einbeziehung der Beine zum ersten Beschleunigungsimpuls, Weiten- oder Zielorientierungen geben.

Beispielprogramm: 3-8 x 8 Würfe (P 15-60 s, SP 5 min).

II – B3 (anforderungsadäquat/azyklisch-nichtreaktiv/EMS) II – A3, I – B3

Hantelkniebeugen mit EMS

Trainingsaufgabe: Entwicklung des azyklisch-nichtreaktiven kurzen Zeitprogramms – also des Kraftanstiegs und der Maximalkraft durch eine verbesserte Rekrutierung der Muskelfasern.

Übungsbeschreibung: Serienkniebeugen mit einer Beugetiefe bis ca. 90° Kniewinkel. Stimulation der Kniestreckmuskulatur (Oberschenkelvorderseite) oder der Gesäßmuskulatur an beiden Beinen. In der Serie werden nur ausgewählte Wiederholungen stimuliert. Die Triggerung des Stimulationsbeginns erfolgt manuell durch den Trainer unmittelbar vor dem Erreichen des Umkehrpunkts der Bewegung.

Hinweise zur Bewegungsausführung: Einsatz bei guter Beherrschung der Kniebeugen mit der Hantel.

In der Phase des Maximalkrafttrainings einsetzen. Wenn eine Kraftausdauerphase zur Erhöhung der Muskelmasse durchgeführt wird, erst danach nutzen. Kontrolle der maximalen Streckgeschwindigkeit bzw. der Gesamtübungszeit.

Beachte!

- Hantellast ca. 80 % der Maximallast.
- Nicht schon die erste Kniebeuge stimulieren.
- Stimulationsprogramm zyklisch, synchron, manueller Trigger.
- Stimulationsdauer: 100-250 ms, Stimulation der 3.-5. Kniebeuge.

Beispielprogramm: 3 x 5 Kniebeugen (P 15-60 s, SP 5 min).

II – B3 (anforderungsadäquat/azyklisch-nichtreaktiv/EMS)

Skisprung – Rollbrettsprung mit EMS

Trainingsaufgabe: Spezielles Krafttraining mit dem Rollbrett zur Erhöhung des Kraftimpulses beim Absprung.

Übungsbeschreibung: Rollbrettsprung – Stimulation der Kniestreckmuskulatur (M. quadriceps femoris) über Lichtschrankentriggerung kurz vor der Stelle, an der die aktive Absprungstreckung beginnen soll.

Hinweise zur Bewegungsausführung: Einsatz bei sicherer Beherrschung der Rollbrettabsprünge und des kurzen Zeitprogramms bei einfachen Bewegungen.

Beachte!

- Variation der Anfahrgeschwindigkeit und der Stimulationsdauer sowie des Stimulationsbeginns (Lichtschrankenposition).
- Stimulationsprogramm azyklisch, synchron, externer Trigger ohne Messung, Stimulationsdauer: 80-200 ms.

Beispielprogramm: 1-3 x 4-8 Sprünge (P 1-5 min, SP 10 min) Einsatz auch zur neuromuskulären „Erwärmung" vor Wettkämpfen möglich – hier auch als Imitationssprung.

II – B3 (anforderungsadäquat/azyklisch-nichtreaktiv/EMS) auch I – B3, II – C3

Spezielles Krafttraining am Seilzuggerät mit EMS, z. B. für Schwimmer

Trainingsaufgabe: Entwicklung spezieller Kraftvoraussetzungen im Armzug beim Schwimmen unter den Bedingungen des kurzen Zeitprogramms.

Übungsbeschreibung: Bauchlage auf einer Kraftbank vor dem Seilzuggerät. Es wird entweder wechselseitig (Kraul) oder mit beiden Armen gleichzeitig (Schmetterling) eine Seilzugübung durchgeführt, die den Schwimmzug imitiert. Beim Beginn des Armzugs fassen die Hände durch die Lichtschranke, die die Elektrostimulation des M. latissimus dorsi auslöst. Die Lichtschranke sollte so stehen, dass der Beginn der Stimulation mit dem Beginn der Zugbewegung zusammenfällt.

Hinweise für die Bewegungsausführung: Widerstandsgestaltung wie ohne EMS. Der EMS-Einsatz zur Entwicklung spezieller Kraftvoraussetzungen kann unmittelbar nach der Maximalkraftphase erfolgen oder vor Wettkämpfen mit hohen Schnelligkeitsanforderungen.

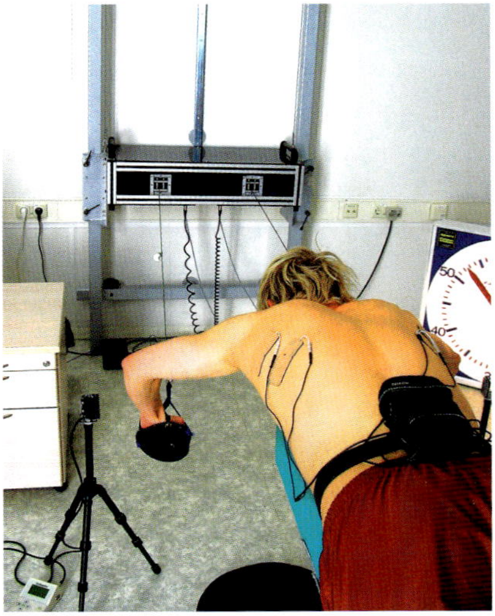

Beachte!

- Kann auch in anderen Sportarten mit Armzug, z. B. Kanu oder Skilanglauf, in wettkampfspezifischer Bewegung eingesetzt werden.
- Stimulationsprogramm azyklisch, synchron, externer Trigger ohne Messung, Stimulationsdauer: 80-120 ms.

Beispielprogramm: 3-6 x 6 Züge (P 5 min).

II – B3 (anforderungsadäquat/azyklisch-nichtreaktiv/EMS)

Skisprung – Schanzensprung mit EMS

Trainingsaufgabe: Spezielles Krafttraining zum Absprung auf der Schanze.

Übungsbeschreibung: Skisprung auf der Schanze, Stimulation der Kniestreckmuskulatur (M. quadriceps femoris) über Lichtschrankentriggerung kurz vor der Stelle, an der die aktive Absprungstreckung beginnen soll.

Hinweise zur Bewegungsausführung: Die Lichtschranke muss vor der Stelle des sichtbaren Absprungbeginns stehen, abhängig von der Anfahrgeschwindigkeit, ca. 1,5-3 m davor. Bioimpulser möglichst sturzsicher befestigen. Einsatz bei sicherer Beherrschung des Schanzensprungs sowie des Imitations- und Rollbrettsprungs mit EMS und des kurzen Zeitprogramms bei einfachen Bewegungen.

Beachte!

- Als Vorbereitung 1-2 Imitationssprünge mit manueller Triggerung mit EMS.
- Stimulationsprogramm azyklisch, synchron, externer Trigger ohne Messung, Stimulationsdauer: 40-160 ms.

Beispielprogramm: 4-6 Sprünge (P 5-10 min).

II – B3 (anforderungsadäquat/azyklisch-nichtreaktiv/EMS)

Mehrgelenkige Wurfübungen mit EMS-Einsatz in der Abwurfphase

Trainingsaufgabe: Entwicklung der komplexen Wurfkraft und -technik mit dem Akzent der Übertragung kurzer Zeitprogramme in die azyklisch-nichtreaktive Abwurfbewegung.

Übungsbeschreibung: In der komplexen Wurfbewegung (Schlagwurf bzw. Kugelstoßen) werden die an der Endbeschleunigung maßgeblich beteiligten Muskeln (M. pectoralis major, M. triceps brachii, M. deltoideus) mit Stimulationselektroden beklebt. Die Stimulationsauslösung erfolgt manuell durch den Trainer, unmittelbar vor dem Beginn der Endbeschleunigung.

Hinweise zur Bewegungsausführung: Die EMS unterstützt die Arbeit der Muskulatur, sie soll den Abwurf nicht ersetzen. Einsatz bei Sportlern, die die Wurftechnik bereits gut beherrschen und bei einfachen Wurfbewegungen das kurze Zeitprogramm realisieren.

Beachte!

- Einsatz in der speziellen Vorbereitung, beginnend mit einfachen Wurfübungen, wie dem Wurf aus der Wurfauslage, hin zu immer höheren Auftaktgeschwindigkeiten bis hin zur komplexen Wurftechnik.

  Variation: durch Stimulation auch der Beinmuskulatur

- Stimulationsprogramm azyklisch, synchron, manueller Trigger ohne Messung, Stimulationsdauer: 40-120 ms.

Beispielprogramm:
Bis 15 Würfe mit Stimulation (P 1-5 min).

II – B4 (anforderungsadäquat/azyklisch-nichtreaktiv/Zwänge)

Krafttraining gegen einen entschwindenden Widerstand

Trainingsaufgabe: Entwicklung eines steilen Kraftanstiegs bei überwindender (konzentrischer) Muskelarbeit unter höheren Geschwindigkeiten – azyklisch-nichtreaktives kurzes Zeitprogramm.

Übungsbeschreibung: Ein schwereres Schwungrad (mit einem Hand- bzw. Fußpedal in der Nähe des Randes) wird durch eine isolierte Aktion in Bewegung gesetzt und immer, wenn das Pedal wieder in den Aktionsbereich kommt, weiterbeschleunigt. Die maximale Drehzahl entspricht der überwindenden Muskelarbeitsgeschwindigkeit, in der gerade noch Kraft übertragen werden kann.

Hinweise zur Bewegungsausführung: Rad bis zum Maximum beschleunigen und bei 3-4 Versuchen die Geschwindigkeit möglichst weiter erhöhen.

Wenn das Rad sehr schwer beschleunigt werden kann (hohes Massenträgheitsmoment), kann die Übungsausführung auch mit einer Anfangsdrehzahl begonnen werden. Kontrolle der Drehzahl.

Beachte!

- Technisch anspruchsvoll ist das schnelle Kontaktfassen des Pedals. Dies muss trainiert werden.
- Durch eine unterschiedlich weit von der Drehachse entfernt angebrachte Kurbel lassen sich die Anforderungen hinsichtlich Kraft- und Geschwindigkeit variieren.

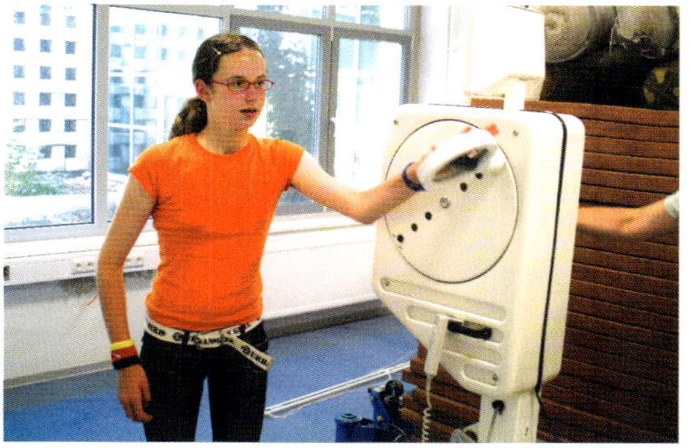

Beispielprogramm: 3-8 x.

II – B4 (anforderungsadäquat/azyklisch-nichtreaktiv/Zwänge)

Pinguinstart auf dem Laufband

Trainingsziel: Maximale Beschleunigung eines Rennrodels auf dem Laufband unter Nutzung des kurzen Zeitprogramms.
Entwicklung der speziellen Kraftvoraussetzungen für diese Bewegung unter den Bedingungen des kurzen Zeitprogramms.

Übungsbeschreibung: Der Sportler sitzt auf einem Rennrodel mit Rollen auf einem Laufband und versucht, mit Pinguinbewegungen das Sportgerät über die Laufbandgeschwindigkeit hinaus zu beschleunigen.

Hinweise zur Bewegungsausführung: Auf aktiv greifenden Handaufsatz und das Ausnutzen des Beschleunigungswegs achten.

Beachte!

- Variation der Laufbandgeschwindigkeit und des Neigungswinkels.
- Bewegung bei maximaler Laufbandgeschwindigkeit oder Beschleunigung des Schlittens bei steigender Laufbandgeschwindigkeit.

Beispielprogramm: 3-5 x 6-8 s (P 3-5 min).

Im Krafttraining 2-3 Serien durchführen (P 70 s, SP 3-5 min).

II – B5 (anforderungsadäquat/azyklisch-nichtreaktiv/Sensibilisierung) auch II – A 4

Variation der Eigenschaften des elastischen Widerlagers

Trainingsaufgabe: Differenzierung der Art und Geschwindigkeit der Kraftbereitstellung bei unterschiedlicher Bretthärte im Wasserspringen (Propriozeption).

Übungsbeschreibung: Die Zielübung wird mit der individuell optimalen Bretthärte ausgeführt. Anschließend erfolgt eine Variation der elastischen Eigenschaften von härter bis weicher mit der Zielstellung, die Ausführungsqualität der Zielübung beizubehalten.

Hinweise zur Bewegungsausführung: Die Übungen werden nach der Kontrastmethode ausgeführt.

Bei stabiler Übungsausführung kann die Bretteigenschaft ohne Kenntnis des Sportlers verändert werden.

Beachte!
Ähnliche Effekte lassen sich bei anderen elastischen Sportgeräten erreichen. Beispiele dafür sind der Einsatz verschiedener Sprungstäbe im Stabhochsprung oder der Einsatz verschiedener Federsprungbretter für spezifische Absprungbewegungen, z. B. im Turnen.

Beispielprogramm:
Bis 30 Sprünge, P 30 s bis 3 min.

II – B6 (anforderungsadäquat/azyklisch-nichtreaktiv/Metapher)

Peitsche als Metapher für die Impulsübertragung beim geradlinigen Wurf

Trainingsaufgabe: Entwicklung der Vorstellung der schlagartigen Innervation bei der Ausführung der Unterarmschleuder bei Schlagwürfen. Einbezogen ist die Vorbereitung und Nutzung der Impulsübertragung (Nacheinander der Geschwindigkeitsmaxima von Fuß – Knie – Hüfte – Brust – Schulter – Oberarm – Ellbogen – Unterarm – Hand) als Mittel der Entwicklung höchster Abwurfgeschwindigkeiten beim geradlinigen Wurf. Technikentwicklung durch einen Wechsel von Information, Ideomotorik, Imitation und differenziellem Lernen.

Übungsbeschreibung:

- Videostudium von Weltklassewerfern (Echtzeit und Zeitlupe).
- Livebeobachtung von Werfern. Erfassen der räumlichen und akustischen Komponente der rhythmischen Abwurfgestaltung und der Peitschendynamik, Ausführen und Beobachten von Peitschenschlägen, Würfe mit Schleuderarmen.
- Ideomotorisches Training.
- Imitationstraining (Kopplung von gedanklichen und sensorischen Empfindungen), Techniktraining mit dem Schwerpunkt „Unterarm wird durch Impulsübertragung von unter her vorgepeitscht".
- Einsatz unterschiedlicher Wurfgeräte (Steine, Bälle, Heuler, Raketen, unterschiedlich schwere Speere).
- Ausprobieren unterschiedlicher Beschleunigungswege und Peitschenformen.

II – C1 (anforderungsadäquat/zyklisch/Erleichterung) auch II – C4

Motor-Rennradergometer

Trainingsaufgabe: Verbesserung der maximalen Trittfrequenz auf dem ungebremsten Rennradergometer durch Übertragung kurzer elementarer Zeitprogramme auf die komplexe Bewegung.

Übungsbeschreibung: Der Einsatz setzt eine gute Beherrschung des „maximalen Trittfrequenztests" voraus, d .h., auf dem Rennradergometer sollte ohne Widerstand eine Trittfrequenz von mindestens 230 U/min erreicht werden. Das Motor-Rennradergometer ist ein normales Rennradergometer mit entsprechenden Klickpedalen, bei dem die Trittbewegung durch die Zuschaltung eines Elektromotors unterstützt wird. Es darf nicht zum passiven „Gedrehtwerden" kommen.

Hinweise zur Bewegungsausführung: Sportler muss in den Pedalen fest eingeklickt sein. Er fährt einen maximalen Trittfrequenzversuch an. Auf Kommando wird der Motor für 4 s zugeschaltet. Die Trittfrequenz soll gemessen werden.

Beachte!

- Bei Absinken der Trittfrequenz Training abbrechen.

Variationsmöglichkeit:

- Leichte Bergabfahrt oder Windschattenfahren auf dem Bahnrad mit supramaximaler Trittfrequenz.

Beispielprogramm:
4 x 4 s (P 10-15 min).

II – C1 (anforderungsadäquat/zyklisch/Erleichterung)

Schwimmen mit Zugunterstützung

Trainingsziel: Erarbeitung der Prognosegeschwindigkeit, wettkampfspezifischer Aktionszeiten und Frequenzen auf der Basis kurzer Zeitprogramme.

Übungsbeschreibung: Der Sportler wird mithilfe eines Seils und eines Hüftgürtels in supramaximaler Geschwindigkeit geschleppt. Ideal ist die Übungsausführung in einem Schwimmkanal, aber auch das Schleppen im Becken mit Zuggummis oder Schleppgeräten ist möglich. Der Sportler schwimmt in seiner Hauptschwimmart.

Hinweise zur Bewegungsausführung: Es ist die maximale aktive Mitarbeit des Sportlers notwendig. Die Bewegungsausführung sollte möglichst über Wettkampffrequenz erfolgen. Kontrolle der Schleppkraft im Kanal oder der Zeit im Becken und der Bewegungsfrequenz!

Beachte!

- Variation der Kanalgeschwindigkeit bzw. der Schleppkraft.
- Auch als Teilkörperbewegung (Arme, Beine) möglich.

Beispielprogramm: 5-6 x 7-8 s (P 4-6 min).

II – C2 (anforderungsadäquat/zyklisch/Erschwerung) auch II – C4, II – C5

Frequenzsprints mit Gewichtsmanschetten

Trainingsaufgabe: Entwicklung höchster Bewegungsfrequenzen der Beine in einer Sprintbewegung, wobei der Akzent auf einer verbesserten Bewegungsumkehr und einem aktiveren Fußaufsatz liegt.

Übungsbeschreibung: An den Füßen werden Gewichtsmanschetten von 0,1-1,0 kg Masse straff befestigt, sodass sie durch die schnellen Bewegungen nicht verrutschen können. Es wird eine Bahn mit flachen Hindernissen aufgebaut, die durchsprintet werden muss. Der Hindernisabstand ist variabel und soll auf alle Fälle eine Schrittverkürzung zur Folge haben. Die Frequenzen müssen immer wieder kontrolliert werden, z. B. durch Zeitmessung für 10 Schritte.

Hinweise zur Bewegungsausführung: Als Beschleunigungslauf oder aus dem Sprint heraus fliegend ausführbar.

Beachte!

- Variation des Gewichts der Manschetten oder der Hindernisabstände.
- Auch Ausführung anderer Bewegungsformen über die Hindernisse, z. B. Kniehebelauf, Kreuzlauf, Rückwärtslauf.

Beispielprogramm: 5-10 x 10-30 m (P 5 min).

II – C2 (anforderungsadäquat/zyklisch/Erschwerung) auch II – C4, II – B2

Laufen gegen Zugwiderstand

Trainingsziel: Verbesserung der speziellen zyklischen Schnelligkeit durch die Notwendigkeit einer dichteren Folge der Einzelimpulse.

Vergrößerung der Muskelaktivität zur Erhöhung der horizontalen Vortriebskomponente.

Übungsbeschreibung: Der Sportler arbeitet gegen einen zusätzlichen Widerstand, der mithilfe eines Seils und eines Hüftgürtels auf ihn übertragen wird. Ideal ist der Einsatz von Schleppwiderständen (Reifen, Fallschirme), die Übungsausführung auf einem Laufband gegen Gummizug ist ebenfalls möglich.

Hinweise zur Bewegungsausführung: Es ist die maximale aktive Mitarbeit des Sportlers notwendig. Die Bewegungsfrequenz sollte über der des Wettkampfs liegen. Kontrolle der Geschwindigkeit und der Bewegungsfrequenz. Auf dem Laufband kann die Kraft gemessen werden, die der Sportler bei der vorgegebenen Geschwindigkeit zusätzlich aufbringen kann. Je größer die gemessene Kraft ist, desto größer ist seine horizontale „Geschwindigkeitsreserve".

Beachte!

- Variation der Laufbandgeschwindigkeit bzw. der Zugkraft.

Beispielprogramm:
5-6 x 7-8 s (P 4-6 min).

II – C3 (anforderungsadäquat/zyklisch/EMS) auch II – B3

Spezielles Training auf dem Fahrradergometer mit EMS

Trainingsaufgabe: Beeinflussung des Zeitpunkts des Krafteinsatzes ausgewählter Muskeln im Tretzyklus sowie Entwicklung spezieller Kraftvoraussetzungen im Tretzyklus unter den Bedingungen des kurzen Zeitprogramms.

Übungsbeschreibung: Auf einem Rennradergometer wird auf einer Pedalseite ein Magnetschalter am Rahmen befestigt und am Pedalarm ein Dauermagnet. Die Lage sollte möglichst kurz vor dem Punkt des gewünschten Krafteinsatzes liegen. Über den zeitlichen Versatz kann der exakte Zeitpunkt des Stimulationsbeginns eingestellt werden. Dieser sollte etwa 40 ms vor dem gewünschten Krafteinsatz liegen.

Hinweise zur Bewegungsausführung: Wettkampfspezifische Last und Trittfrequenz.

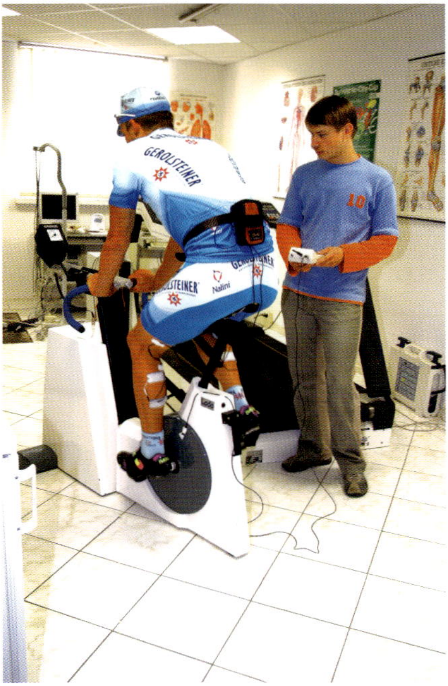

Beachte!

- Berechnung der Stimulationsverzögerung, wenn der Magnetschalter vor dem gewünschten Triggerpunkt befestigt werden muss:
- Zeit = 166,67 x Winkel/Trittfrequenz – Trittfrequenz dabei in U/min.
- Auch mit dem Rennrad auf einem Laufband einsetzbar.
- Stimulationsprogramm zyklisch, asynchron, externer Trigger.
- Stimulationsdauer: 20-80 ms.

Beispielprogramm:

3-6 x 5-8 s (P 10-15 min) bei 300 W.

II – C4 (anforderungsadäquat/zyklisch/Zwänge) auch II – A4

Hürdenlauf über verkürzte Abstände und ggf. höhere Hürden

Trainingsaufgabe: Entwicklung hoher Schrittfrequenzen im Zwischenhürdenlauf sowie unter dem Aspekt der speziellen Kraftvoraussetzungen im Hürdenlauf.

Übungsbeschreibung: Hürdenlauf mit schrittweise verkürzten Hürdenabständen und ggf. höheren Hürden. Die Hürdenabstände können so weit verkürzt werden, dass die Sprintgeschwindigkeit zwischen den Hürden beibehalten werden kann.

Hinweise zur Bewegungsausführung: Hohe Geschwindigkeit zum Anlaufen an die erste Hürde sichern, Drei-Schritt-Rhythmus zwischen den Hürden. Die Kontrolle von Stützzeiten und Laufgeschwindigkeit ist sinnvoll, um die effektiven Hürdenabstände und Hürdenhöhen für die jeweiligen Aufgabenstellungen zu finden. Kurze Zeitprogramme bei azyklischen und zyklischen elementaren Bewegungen müssen beherrscht werden.

Beachte!

- Mindestens drei Hürden.
- Belastungssteuerung nach den Messergebnissen der Stützzeit und Sprintgeschwindigkeit.

Beispielprogramm:
30-50 Hürdenüberquerungen (P 2-10 min).

II – C4 (anforderungsadäquat/zyklisch/Zwänge) auch I – C4

Schrittverkürzung bei hoher Sprintgeschwindigkeit durch räumliche Zwänge

Trainingsaufgabe: Entwicklung höchster Schrittfrequenzen unter sprintspezifischen Bedingungen.

Übungsbeschreibung: Aus dem Sprintlauf in hoher Geschwindigkeit, ggf. auch mit Zugunterstützung, muss eine Teilstrecke mit flachen Hindernissen durchlaufen werden. Die Hindernisse stehen in einem solchen Abstand, dass die erlaubte Schrittlänge verkürzt wird. Automatisch soll sich die Schrittfrequenz erhöhen.

Hinweise zur Bewegungsausführung: Auf einen aktiv greifenden Fußaufsatz von vorn achten, kein „in den Boden stampfen" zulassen, aufrecht laufen, Technikelemente des Sprintlaufs beachten, Anlauflänge bzw. Anlaufgeschwindigkeit langsam steigern.

Messung der Geschwindigkeit oder der Zeit im Bereich der Hindernisse bzw. Vergleich der Geschwindigkeiten vor und im Hindernisbereich.

Beachte!

- Variation der Hindernisabstände zwischen den Läufen bzw. den Trainingseinheiten.

Beispielprogramm:
3-8 Läufe (P 4-6 min).

II – C4 (anforderungsadäquat/zyklisch/Zwänge) auch II – A1, II – A4, II – C1

Spezielles Sprinttraining auf dem überschnellen Laufband

Trainingsaufgabe: Verkürzung der Stützzeit und Erhöhung der Schrittfrequenz in der Sprinttechnik, Entwicklung der speziellen Kraftvoraussetzungen.

Übungsbeschreibung: Je nach Art des Laufbands entweder bei hoher Beschleunigungsstufe einen Steigerungslauf bis in den Bereich leicht über der individuellen Maximalgeschwindigkeit durchführen oder das Laufband schnell auf die Geschwindigkeit bringen. Wenn die Geschwindigkeit nicht mehr gehalten werden kann, Laufband stoppen oder der Sportler kann auf den Rand des Laufbands springen bzw. sich in die Sicherheitslonge fallen lassen.

Hinweise zur Bewegungsausführung: Laufband um 3-5 % anstellen, dadurch wird der aktive Fußaufsatz gefördert.

Beachte!

- Sicherheitslonge einsetzen, gegebenenfalls vertikale Körpergewichtsentlastung über ein Gummiseil.

Beispielprogramm:
3-5 Läufe über 1-3 s (P 10-30 min).

II – C5 (anforderungsadäquat/zyklisch/Sensibilisierung)

Veränderung von Körperpositionen bzw. -lagen, Bewegungsamplituden und Spannungszuständen beim Sprinttraining

Trainingsaufgabe: Die Erweiterung des komplexen Sprinttrainings unter den Aspekten ungewohnter Körperpositionen bzw. -lagen, veränderter Schwerpunktlagen, veränderter Bewegungsamplituden und veränderter Spannungszustände führt zu erweiterten Bewegungsempfindungen und zu neuen Bewegungserfahrungen, vor allem in der Höchstgeschwindigkeitsphase. Vor allem bei fortgeschrittenen Sportlern wird so auch eine Verbesserung in der schnellen Informationsverarbeitung erreicht.

Übungsbeschreibung (Beispiel Sprint):
Ein Sportler versucht, nach einer Beschleunigungsphase von 15-30 m, eine optimale Laufgeschwindigkeit zu erreichen. Hierzu kann auch Zugunterstützung eingesetzt werden. Erst während der Höchstgeschwindigkeitsphase werden bewusst vorher festgelegte, extreme Lauftechnikvarianten bzw. der Wechsel von einer Ausführungsform in eine andere ausgeführt.

Bewegungsanweisungen

- Tiefer bzw. hoher Schwerpunkt.
- Rücklage bzw. Vorlage.
- Seitlage li bzw. re.
- Unterschiedlicher Kniehub bzw Fersenhöhe.
- Größere bzw. kleinere Schrittlängen.
- Akzentuierter Einsatz unterschiedlicher Hauptantriebsmuskeln.
- Verspanntes bzw. entspanntes Laufen.
- Laut bzw. leise.
- Hart bzw. weich.

Beispielprogramm: 4-8 x 15-25 m (P 4-10 min).

II – C6 (anforderungsadäquat/zyklisch/ideomotorisch) auch II – C4

Hürdenrhythmusentwicklung über akustische Zielfrequenzvorgabe

Trainingsaufgabe: Erlernen einer rhythmischen Schrittgestaltung für den Hürdenlauf unter dem Primäraspekt der Entwicklung und Stabilisierung von kurzen zyklischen Zeitprogrammen – Nutzung ideomotorischer Mechanismen.

Methodische Gestaltung:

- Exakte Erfassung von Zielrhythmen (im Spitzenbereich Orientierung an der Hürdenweltklasse; ansonsten an individuell mittel- und langfristigen Zielzeiten).
- Herstellen von Tonträgern mit der exakten akustischen Kennzeichnung der zeitlichen Schrittkomponenten (Dreierrhythmus).
- Ideomotorisches Training: Verinnerlichen der rhythmischen Schrittgestaltung durch oftmaliges Anhören des Tonträgers.

- Lauftechnische Umsetzung mit verkürzten Abständen und niedrigeren Hürden bei akustischer Rhythmusvorgabe.
- Vergrößerung der Hürdenabstände und Hürdenhöhen unter Einhaltung der akustischen Rhythmusvorgabe.
- Variationsmöglichkeiten durch unterschiedliche Rhythmuspräsentationen (Lautsprecher, Kopfhörer etc.) und Verhältnis von Hürdenabstand zu Hürdenhöhe.

II – D1 (anforderungsadäquat / Reaktion / Erleichterung) auch II – D2, II – B1

Tiefstart in der Leichtathletik mit Zugunterstützung

Trainingsaufgabe: Techniktraining Tiefstart zur Einbindung vorhandener kurzer Reaktionszeiten in die spezielle Technik des Tiefstarts.

Übungsbeschreibung: Kommandostarts, Zugunterstützung in Laufrichtung (oder auch entgegengesetzt) über Zugunterstützungsvorrichtung wie Speedy oder eine ähnliche Vorrichtung bzw. Partnerübung mit Gummizug. Die Entlastung sollte bereits vor dem Startkommando durch einen gleichmäßigen Zug wirken.

Hinweise zur Bewegungsausführung: Ausführung des Tiefstarts aus einer guten Muskelvorspannung der Streckmuskulatur und mit der Orientierung auf eine kurze Reaktionszeit. Die Grundtechnik des Tiefstarts sollte sicher beherrscht werden und das Ablaufen dynamisch erfolgen. Kontrolle der Reaktions- und Startzeit (10 m).

Beachte!

- Veränderung der Stärke der Zugentlastung bzw.
- -belastung entsprechend dem Beherrschungsgrad der Übung.
- Kopplung mit Schrittlängenmarkierungen oder anderen Hilfsmitteln.

Beispielprogramm: Bis zu 12 Starts, auch im Kontrast zu Normalbedingungen oder mit Erschwerung (P 2-5 min).

II – D2 (anforderungsadäquat / Reaktion / Erschwerung) auch II – B2

Startsprung im Schwimmen mit Zugwiderstand

Trainingsaufgabe: Techniktraining des Startsprungs zur Integration einer guten, azyklisch-nichtreaktiven Schnelligkeit in den Abdruck vom Block.

Übungsbeschreibung: Kommandostarts, Zugwiderstand in Absprungrichtung durch ein nach hinten gehaltenes Gummiseil. Der Zugwiderstand muss bereits beim Startkommando und während der Startaktion wirken. Dann kann das Seil losgelassen werden.

Hinweise zur Bewegungsausführung: Ausführung des Startsprungs aus einer guten Muskelvorspannung der Streckmuskulatur und Orientierung auf eine kurze Reaktionszeit. Die Grundtechnik des Startsprungs sollte sicher beherrscht werden. Kontrolle der Reaktions- und Startzeit (7,5 und 15 m).

Beachte!

- Den Zugwiderstand so hoch wählen, dass die Ausführung des Startsprungs noch technisch exakt ist.
- Die Zugrichtung kann leicht variiert werden.

Beispielprogramm: Bis zu 12 Starts, auch im Kontrast zu Normalbedingungen (P 2-5 min).

II – D3 (anforderungsadäquat/Reaktion/EMS) auch: I – D3, I – B3, II – B3

Tiefstart in der Leichtathletik mit EMS

Trainingsaufgabe: Training der Reaktionsschnelligkeit unter spezifischen Bedingungen, auch spezifisches Techniktraining, z. B. Abdruck des hinteren Beins, Training der Muskelfaserrekrutierung aus der definierten Vorspannung in der speziellen Technik.

Übungsbeschreibung: Tiefstarts auf Kommando mit Startklappe, Stimulation der Wadenmuskulatur und der Kniestrecker des hinteren Beins oder andere Varianten, Triggerung durch das Schließen der Startklappe.

Hinweise zur Bewegungsausführung: Ausführung des Tiefstarts aus einer guten Muskelvorspannung der Streckmuskulatur. Die Grundtechnik des Tiefstarts sollte sicher beherrscht werden und das Ablaufen dynamisch erfolgen. Kontrolle der Reaktions- und Startzeit (10 m).

Beachte!

- Die stimulierten Muskeln sollen sich auch nach den individuellen sporttechnischen Problemen richten, z. B. hinten Wade, vorn Kniestrecker oder nur hinten Kniestrecker und Wade oder nur vorn Kniestrecker und verzögert Wade.
- Stimulationsprogramm azyklisch, synchron, externer Trigger, ohne Messung, Stimulationsdauer Kniestreckung vorderes Bein 100-200 ms, Kniestreckung hinteres Bein 40-100 ms, Fußstreckung hinteres Bein 20-60 ms, evtl. 80 ms Verzögerungszeit einstellen.

Beispielprogramm: Bis zu sechs Wiederholungen (P 5-10 min).

II – D3 (anforderungsadäquat/Reaktion/EMS) auch: I – D3, I – B3, II – B3

Gerader Boxschlag mit EMS

Trainingsaufgabe: Training der Reaktionsschnelligkeit unter spezifischen Bedingungen und semispezifischen Bedingungen.

Übungsbeschreibung: Der gerade Boxschlag erfolgt auf einen Sandsack nach akustischem Signal (Startklappe) oder ein anderes triggerbares Signal, z. B. Körper- oder Handbewegung des Trainers.

Hinweise zur Bewegungsausführung: Da die Triggerung extern erfolgt, kann aus einer boxspezifischen Bewegung heraus geschlagen werden. Zur Messung der Reaktionszeit kann ein Berührungsschalter oder eine Kontaktmatte am Sandsack angebracht werden.

Beachte!

- Die stimulierten Muskeln sollen sich auch nach den individuellen sporttechnischen Problemen richten, z. B. auch die Knie- oder Fußstreckung.
- Stimulationsprogramm azyklisch, synchron, externer Trigger, mit oder ohne Messung, Stimulationsdauer 20-60 ms, ggf. 80 ms Verzögerungszeit einstellen.

Beispielprogramm:
5 x 5 Schläge (P 5-10 min), auch im Kontrast dazu ohne EMS.

II – D4 (anforderungsadäquat/Reaktion/Zwänge) auch: II – D5

Ballspiele mit unregelmäßig wegprellenden Bällen

Trainingsaufgabe: Entwicklung der Reaktionsschnelligkeit in Ballsportarten.

Übungsbeschreibung: Ballspiele mit unregelmäßigen Bällen, z. B. Rugbyball, defekter Tischtennisball etc., bei denen die Abprallrichtung vom Boden nicht genau vorhersehbar ist. Mit dem Wegprallen wird erst die Flugrichtung sicher erkennbar – darauf muss spieladäquat reagiert werden – Ball fangen oder treffen.

Hinweise zur Bewegungsausführung: Das jeweilige Sportspiel sollte relativ sicher beherrscht werden.

Es kann mit einfachen Pässen begonnen werden, später können auch komplexe Spielformen eingesetzt werden.

Beachte!

- Auch mit mehreren Bällen gleichzeitig spielen.
- Zusatzaufgaben stellen, die einen weiteren Zeitdruck darstellen, z. B. in die Hände klatschen oder Drehung um die Körperlängsachse etc.
- Auch ein unebener Untergrund ruft ähnliche Effekte hervor.

Beispielprogramm:
5-10 x 1-2 min (P ca. 2 min).

II – D5 (anforderungsadäquat/Reaktion/Sensibilisierung)

Reagieren auf Zusatzreize während einer Bewegung

Trainingsziel: Verbesserung der zentralnervösen Aktivierung und der sportartspezifischen Koordination durch bewusste Einbeziehung von taktilen, akustischen und visuellen Reizen bzw. Reizantworten in komplexe Bewegungsabläufe.

Übungsbeschreibung: Ausführen eines vorgegebenen Bewegungsablaufs (z. B. Laufen oder Speerwurf). In die bereits eingeleitete zyklische oder azyklische Bewegungsfolge werden visuelle, akustische oder taktile Reize von außen eingebracht. Auf diese Reizvorgaben soll nach einem vorher festgelegten Konzept während des komplexen Bewegungsvollzugs schnellstmöglich reagiert werden.

Hinweise zur Bewegungsausführung: Dauerndes kreatives Variieren rund um eine Kernbewegung immer unter dem Schwerpunkt Reaktions- und Aktionsschnelligkeit.

Lauf: **Visuelle Reize:** Der Trainer gibt während des Laufens Handzeichen, welche Muskelgruppen aktiviert werden bzw. mit welchen Körperteilen kleine Zusatzbewegungen durchgeführt werden sollen.

Akustische Reize: Der Trainer gibt verbal eine ganz kurze Information, welche Zusatzaktivität jeweils während des Laufs eingebaut soll.

Taktile Reize: Während des Laufs berührt ein Trainingspartner (läuft ca. 1 m hinter dem Sportler) den Läufer an verschiedenen Stellen der Körperrückseite. Der Athlet führt möglichst schnell vorher festgelegte Zusatzbewegungen aus.

Wurf: **Visuelle Reize:** Auf ein visuelles Signal (z. B. Blitzlicht, ausgelöst vom Trainer) wird vom Athleten bewusst eine Teilbewegung möglichst schnell durchgeführt (z. B. Vorbeschleunigen der Hüfte).

Akustische Reize: Auf einen Ton oder Zuruf wird sofort ein Bewegungs- oder Rhythmusakzent gesetzt.

Taktile Reize: Auf einen Berührungsreiz wird sofort ein Bewegungs- oder Rhythmusakzent gesetzt.

II – D6 (anforderungsadäquat/Reaktion/ideomotorisch)

Schattenboxen

Trainingsziel: Verbesserung der zentralnervösen Aktivierung und der komplexen Reaktions- und Aktionsschnelligkeit.

Übungsbeschreibung: Nur gedankliche Vorstellung: Variantenreiches, schnelles Reagieren auf Angriffe eines imaginären Boxgegners.

Vorstellung und Imitation: Variantenreiches, schnelles Reagieren auf Angriffe eines imaginären Boxgegners sowie Kontern durch das Setzen von Angriffsschlägen mit hoher Bewegungsschnelligkeit auf diesen imaginären Gegner.

Hinweise zur Bewegungsausführung: Zum Aufwärmen und zur Aktivierung vor speziellen Schnelligkeitsreizen einsetzen.

Beachte!

Variationsmöglichkeiten: Andere Zweikampfsportarten (Karate etc.).

Literatur

Abramov, E., Kuporosov, B. & Matwejew, V. (1980). Trenirovka bystroty ottalkivanija. *Legkaja atletika, (1)*, 20.

Bauersfeld, M. & Voß, G. (1992). *Neue Wege im Schnelligkeitstraining*. Münster: Philippka.

Bosco, C. & Komi, P. V. (1979). Mechanical characteristics and fiber composition of human leg extensor muscles. *Eur. J. Appl. Physiol., 24*, 21-32.

Bothmischel, E. & Halbing, N. (1982). Zur Aussagefähigkeit dynamometrisch gewonnener Kraft-Zeit-Verläufe von Hochsprungabsprüngen. *Theorie und Praxis des Leistungssports, (6)*, 104-113.

Bührle, M. (1985). Dimension des Kraftverhaltens und ihre spezifischen Trainingsmethoden. In Bührle, M. (Hrsg.), *Grundlagen des Maximal- und Schnellkrafttrainings* (Schriftenreihe des Bundesinstitutes für Sportwissenschaft, 56, S. 82-111). Schorndorf: Hofmann.

Desmedt, J. E. & Godeaux, E. (1978). Ballistic contractions in fast or slow human muscles. Discharge patterns of single motor units. *J. Physiol., 285*, 185-196.

Eggenberger, P. & Neukorn, S. (1999). *Kurzfristige Steigerung der Explosivkraft nach maximaler und submaximaler Muskelkontraktion (Reaktionen im neuromuskulären System und Nutzen für die Sportpraxis).* Diplomarbeit, Universität Bern, Institut für Sport und Sportwissenschaft.

Ehrig, A. & Müller, J. (1998). Ausgewählte Ergebnisse der Weltstands- und Olympiazyklusanalyse 1998 im Eisschnelllauf mit Folgerungen für die Trainingsstrategie. *Zeitschrift für Angewandte Trainingswissenschaft, 5* (1), 137-169.

Frick, U. (1993). *Kraftausdauerverhalten im Dehnungs-Verkürzungs-Zyklus.* Köln: Sport und Buch Strauß.

Güllich, A. (1996). *Schnellkraftleistungen im unmittelbaren Anschluss an maximale und submaximale Krafteinsätze.* Köln: BISp.

Heuer, H. (1978). *Über Bewegungsprogramme bei willkürlichen Bewegungen.* Dissertation, Universität Marburg.

Hildebrand, F. (2004). *Vergleich unterschiedlicher Wurftechniken im Diskuswurf.* Unveröffentlichtes Forschungsergebnis, Leipzig: IAT.

Honda, A. & Umemura, Y. & Nagasawa, S. (2001). Effect of high-impact and low-repetition training on bones in ovariectomized rats. *Journal of Bone and Mineral Research, 16* (9), 1688-1693.

Junker, D. (2001). *Vergleich des Tretfrequenzverhaltens von Lance Armstrong und Jan Ullrich bei den Zeitfahren der Tour de France 2001.* Unveröffentlichtes Analyseergebnis, Leipzig: Universum-Akademie.

Junker, D. & Voß, G. (2004). *Leistungsdiagnostik im Radsport.* Unveröffentlichtes Konzept, Leipzig: Universum-Akademie.

Kahl, J. (1997). *Erhöhung der Effektivität des Trainingsprozesses in den Sportarten Kanu-Rennsport und Kanu-Slalom zur weiteren Steigerung der Wettkampfleistung – Unterstützung der Vorbereitung und Auswertung der Jahreshöhepunkte 1993-1996.* Ergebnisbericht zum Projekt 4-5-1993/96, Leipzig: IAT.

Knoll, Kl., Fetzer, J. & Köthe, T. (2000). Entwicklungstendenzen der Trainings- und Wettkampfsysteme in technisch-kompositorischen Sportarten. *Zeitschrift für Angewandte Trainingswissenschaft, 7* (2), 93-109.

Krüger, A. (2001). Trainers Digest – Runder Tritt? *Leistungssport, 31*(5), 22.

Küchler, J. (2001). Olympische Spiele in Sydney 2000 – *Entwicklungstendenzen im Schwimmen. Zeitschrift für Angewandte Trainingswissenschaft, 8* (1), 25-32.

LG Eilenburger Land. Ausschreibungen. Zugriff am 08.01.2006 unter *http://www.lg-eilenburgerland.de*

Mann, R. (1999). Biomechanische Grundlagen des Kurzsprints. *Leichathletiktraining, 10* (2), 24-31.

Marees, de H. (2002). *Sportphysiologie.* Köln: Sport & Buch Strauß.

Mühlbauer, Th., Schlegel, K. & J. Krug (2006): Vergleich motorischer Schnelligkeitsleistungen der oberen und unteren Extremitäten, *Leistungssport* (im Druck).

Nazarov, V. (1996). *Optimierung des Menschen.* Lobenstein: Nazarov-Stimulation Gesellschaft für Naturheilverfahren mbH.

Schmidtbleicher, D., Dietz, V., Noth, J. & Anton , M. (1978). Auftreten und funktionelle Bedeutung des Muskeldehnungsreflexes bei Lauf- und Sprintbewegungen. *Leistungssport, (6),* 480-490.

Schmidtbleicher, D. & Gollhofer, A. (1982). Neuromuskuläre Untersuchungen zur Bestimmung individueller Belastungsgrößen für ein Tiefsprungtraining. *Leistungssport,* (4), 298-307.

Schöllhorn, W. (2003) *Eine Sprint- und Laufschule für alle Sportarten – Differenzielles Lernen.* Aachen. Meyer & Meyer-Verlag.

Schwirtz, A. (1993). *Bewegungstechnik und muskuläre Koordination beim Skilanglauf.* Köln: Sport und Buch Strauss.

Seifert, S. (1999). *Optimierung von Trainingsprozessen im Rollkunstlaufen zur Erhöhung des Vertikalimpulses bei Sprüngen mit Mehrfachdrehungen um die Körperlängsachse.* Diplomarbeit, Universität Leipzig, Fakultät Sportwissenschaft.

Stark, G. (1986). Zur weiteren Erschließung des Faktors Sporttechnik und zur Erhöhung der Wirksamkeit des sporttechnischen Trainings in Vorbereitung auf die Wettkampfhöhepunkte bis 1988. *Theorie und Praxis des Leistungssports, (3),* 6-34.

Tihanyi, J., Apor, P. & Feteke, G. (1983). Zusammenhang zwischen ausgewählten Absprungmerkmalen und Faserzusammensetzung der Oberschenkel- und Wadenmuskulatur. *Leistungssport, (4),* 49-53.

Verchoshanskij, W. & Tatjan, W. W. (1975). Komponenten und funktionelle Struktur der Explosivkraft des Menschen. Leipzig. *Trainerinformation des DVfL der DDR, 7,* 75-78.

Voß, G. (1989). *Zu methodischen Möglichkeiten der Entwicklung der Schnelligkeit in Form neuromuskulärer Steuer- und Regelmechanismen in den Schnellkraftsportarten.* Habilitation, DHfK Leipzig.

Voß, G. (1990). Messsportfest und Leistungsdiagnostik – Ein Block-Mehrkampf für das Nachwuchstraining im Sprungbereich. *Lehre der Leichtathletik, (30),* 20-21, in *Leichtathletik* (40).

Witt, M., Voß, G., Woldag, H. & Heß, S. (2003). Kurzfristig induzierte Veränderungen in den Eigenschaften des neuromuskulären Systems nach Nieder-Hoch-Sprüngen mit und ohne Elektromyostimulation. In: Brüggemann, G.-P. & Morey-Klapsing, G. (Hrsg.), *Biologische Systeme – Mechanische Eigenschaften und ihre Adaptation bei körperlicher Belastung* (Schriften der Deutschen Vereinigung für Sportwissenschaft, 135, S. 36-40). Hamburg: Czwalina Verlag.

Witt, M. (2005): Beziehungen zwischen konditionellen und koordinativen Leistungsvoraussetzungen. In Leopold, W. (Hrsg.), *Schwimmen – Lernen und Optimieren* (S. 45-54). Universität Mainz.

Werthner Sport Consulting (2003). *TDS test your talent.* Zugriff am 30.01.2006 unter *http://www.werthner.at*

Zatsiorsky, V. M. (1968). Die körperlichen Eigenschaften des Sportlers [Sonderheft]. *Theorie und Praxis der Körperkultur.*

Nützliche Internetadressen:

werthner.at
sport-voss.de
lg-eilenburgerland.de

Bildnachweis

Titelfoto: DPA Picture-Alliance, Frankfurt
Fotos im Innenteil: Dr. Gerald Voß, Dr. Roland Werthner, Dr. Maren Witt, Peter Dick, Dietmar Junker
S. 14/15: Imago Sportfotodienst GmbH, Berlin, S. 141: gettyimages, Germany
Umschlaggestaltung: Jens Vogelsang, Aachen